Bibliografische Information der Deutschen Nationalbibliothek: Die Deutsche Nationalbibliothek verzeichnet diese Publikation in der Deutschen Nationalbibliografie; detaillierte bibliografische Daten sind im Internet über dnb.dnb.de abrufbar.
Die automatisierte Analyse des Werkes, um daraus Informationen insbesondere über Muster, Trends und Die automatisierte Analyse des Werkes, um daraus Informationen insbesondere über Muster, Trends und Korrelationen gemäß §44b UrhG („Text und Data Mining") zu gewinnen, ist untersagt

Weitere Mitwirkende: advisoryteam at3 GmbH
Verlag: BoD · Books on Demand GmbH, In de Tarpen 42, 22848 Norderstedt
Druck: Libri Plureos GmbH, Friedensallee 273, 22763 Hamburg

ISBN: 978-3-7693-1199-0

Table Of Contents

Kapitel 1: Einführung in Social Media für kleine und mittelständische Unternehmen

Einführung

In der heutigen digitalen Welt ist Social Media zu einem unverzichtbaren Werkzeug für kleine Unternehmen geworden. Die Nutzung von Plattformen wie Facebook, Instagram, LinkedIn und TikTok ermöglicht es diesen Unternehmen, ihre Zielgruppen direkt zu erreichen und mit ihnen zu interagieren. Für viele kleine und mittelständische Unternehmen kann die strategische Nutzung von Social Media nicht nur die Sichtbarkeit erhöhen, sondern auch das Kundenengagement stärken und letztendlich den Umsatz steigern.

Es ist entscheidend, dass Unternehmen die Grundlagen verstehen und eine klare Strategie entwickeln, um in der dynamischen Social-Media-Landschaft erfolgreich zu sein.

Ein zentraler Aspekt der Social-Media-Strategie ist die **Content-Planung und -Erstellung**.

Ein gut durchdachter Content-Plan hilft Unternehmen, konsistent und zielgerichtet Inhalte zu veröffentlichen, die ihre Zielgruppe ansprechen. Anfänger sollten sich auf die Erstellung von Inhalten konzentrieren, die sowohl informativ als auch unterhaltsam sind. Dabei ist es wichtig, verschiedene Formate zu nutzen, wie Bilder, Videos und Texte, um die Aufmerksamkeit der Nutzer zu gewinnen und ihnen einen Mehrwert zu bieten. Eine durchdachte Content-Strategie ermöglicht es kleinen und mittelständischen Unternehmen, ihre Markenidentität zu stärken und sich von der Konkurrenz abzuheben, da sie sich selbst und ihre Produkte darstellen können.

Community Management ist ein weiterer wichtiger Bereich, den Unternehmen im Rahmen ihrer Social-Media-Aktivitäten berücksichtigen sollten. Der Aufbau einer aktiven und engagierten Community kann die Loyalität der Kunden fördern und wertvolles Feedback liefern. Unternehmen sollten darauf vorbereitet sein, auf Kommentare und Nachrichten zeitnah zu reagieren und eine positive Interaktion mit ihren Followern zu fördern. Ein effektives Community Management trägt nicht nur zur Kundenbindung bei, sondern kann auch als wertvolle Quelle für Einblicke in die Bedürfnisse und Wünsche der Zielgruppe dienen.

Ein vertiefter Vergleich der verschiedenen Plattformen ist gerade für Anfänger oder weniger erfahrene Content Creators von großer Bedeutung. **Facebook** bleibt zwar eine der größten Plattformen und bietet umfangreiche Möglichkeiten zur Interaktion mit verschiedenen Zielgruppen, ist jedoch stark abhängig von Branche und Produkt mal mehr mal weniger beachtenswert. **Instagram** hingegen ist ideal für visuelle Inhalte und zieht insbesondere jüngere Nutzer an. **TikTok** hat sich als Plattform für kreative und unterhaltsame Videos etabliert, die schnell viral gehen können. **LinkedIn** als Business Netzwerk kann richtig genutzt und auch von den Mitarbeitern mitgetragen nicht nur die Marke und das Produkt wesentlich bekannter machen, sondern auch echten Umsatz generieren.

Jedes dieser Netzwerke hat seine eigenen Stärken und Schwächen, und es ist wichtig, die richtige Plattform für die spezifischen Ziele und die Zielgruppe des Unternehmens auszuwählen.

Facebook - große Community aber sehr abhängig von Branche und Produkt. Facebook Nutzer sind hauptsächlich Generation X (1965 - 1980)

Instagram - visuelle Themen auch "die Plattform der schönen Dinge genannt" und wenig kritischer Content

TikTok - Videoplattform für alle Generationen (Boomer bis Alpha) jedoch teilweise stark kritisiert für die schlechte Content Überwachung

Linkedin - Business Netzwerk mit viel Potential auf der professionellen Ebene zwecks Stärkung des Unternehmensprofils

Abschließend sollten kleine Unternehmen auch die rechtlichen Aspekte von Social Media nicht außer Acht lassen. Datenschutz und Urheberrecht sind zentrale Themen, die bei der Erstellung und Veröffentlichung von Inhalten berücksichtigt werden müssen. Ein grundlegendes Verständnis dieser Gesetze schützt Unternehmen vor rechtlichen Problemen und trägt zu einem verantwortungsvollen Umgang mit den digitalen Medien bei. Zudem ist die Analyse der Social-Media-Aktivitäten von entscheidender Bedeutung, um den Erfolg der Strategie zu bewerten und gegebenenfalls Anpassungen vorzunehmen. Durch die gezielte Nutzung von Social Media können kleine Unternehmen nicht nur ihre Reichweite erhöhen, sondern auch langfristigen Erfolg in einer zunehmend wettbewerbsintensiven Umgebung sichern.

Bedeutung von Social Media für kleine und mittelständische Unternehmen

Die Bedeutung von Social Media für Unternehmen ist in der heutigen digitalen Welt nicht zu unterschätzen. Soziale Medien bieten kleinen und mittleren Unternehmen (KMU) eine kostengünstige Plattform, um ihre Markenbekanntheit zu steigern und mit potenziellen Kunden in Kontakt zu treten. Durch gezielte Inhalte und Interaktionen können Unternehmen ihre Zielgruppe direkt ansprechen und eine loyale Community aufbauen. Dies ist besonders wertvoll, da KMU oft über begrenzte Ressourcen verfügen, um traditionelle Marketingmethoden zu nutzen.

Ein wesentlicher Vorteil von Social Media ist die Möglichkeit, die **Sichtbarkeit** zu erhöhen und neue Kunden zu gewinnen. Plattformen wie Facebook, Instagram, LinkedIn und TikTok bieten eine riesige Nutzerbasis, die es Unternehmen ermöglicht, ihre Produkte und Dienstleistungen einem breiten Publikum vorzustellen. Durch die Erstellung ansprechender Inhalte, die auf die Interessen der Zielgruppe abgestimmt sind, können Unternehmen ihre Reichweite erheblich erweitern und neue Märkte erschließen. Ein durchdachter Content-Plan ist hierbei entscheidend, um regelmäßig relevante Inhalte zu veröffentlichen und die Interaktion mit den Nutzern zu fördern.

Darüber hinaus spielen soziale Medien eine zentrale Rolle im **Community Management**. Unternehmen können direkt mit ihren Kunden kommunizieren, Feedback erhalten und auf Fragen oder Probleme reagieren. Dies schafft nicht nur Vertrauen, sondern fördert auch eine positive Markenwahrnehmung.

Eine aktive Präsenz auf sozialen Medien ermöglicht es den Unternehmen, ihre Kunden besser zu verstehen und ihre Angebote entsprechend anzupassen. Die Interaktion mit der Community trägt wesentlich zur Kundenbindung bei und kann langfristige Beziehungen aufbauen.

Storytelling ist ein weiterer wichtiger Aspekt von Social Media, der Unternehmen hilft, sich von der Konkurrenz abzuheben. Durch das Teilen von Geschichten und Erfahrungen können Unternehmen eine emotionale Verbindung zu ihrer Zielgruppe aufbauen. Dies ist besonders für KMU von Bedeutung, da sie oft eine persönliche und authentische Markenidentität verkörpern.

Durch kreatives Storytelling können Unternehmen ihre **Werte und Missionen** effektiv kommunizieren und das Interesse ihrer Zielgruppe wecken.

Schließlich ist es für kleine Unternehmen unerlässlich, die rechtlichen Aspekte von Social Media zu verstehen und zu beachten. **Datenschutz**, **Urheberrecht** und die Einhaltung von **Plattformrichtlinien** sind wichtige Themen, die bei der Nutzung sozialer Medien berücksichtigt werden müssen. Ein fundiertes Wissen über diese Aspekte schützt Unternehmen vor rechtlichen Problemen und trägt zu einer nachhaltigen und verantwortungsvollen Nutzung von Social Media bei. Indem sie sich mit der Analyse von Social Media-Daten auseinandersetzen, können KMU zudem wertvolle Einblicke gewinnen, die ihnen helfen, ihre Strategien kontinuierlich zu optimieren und den Erfolg ihrer Aktivitäten zu messen.

Überblick über die wichtigsten Plattformen

Im digitalen Zeitalter ist die Wahl der richtigen Social-Media-Plattform entscheidend für den Erfolg kleiner und mittelständischer Unternehmen. Zu den bekanntesten Plattformen gehören LinkenIn, Facebook, Instagram und TikTok, die jeweils einzigartige Möglichkeiten zur Interaktion mit der Zielgruppe bieten. Facebook ist nach wie vor eine der größten Plattformen, die eine breite Altersgruppe anspricht und vielfältige Funktionen für Unternehmensseiten bereitstellt. Die Möglichkeit, Gruppen zu erstellen, Veranstaltungen zu planen und gezielte Werbung zu schalten, macht Facebook zu einer wertvollen Ressource für Unternehmen, die ihre Community erweitern und ihre Produkte oder Dienstleistungen bewerben möchten.

Instagram hat sich als visuelle Plattform etabliert, die besonders bei jüngeren Zielgruppen beliebt ist. Die Nutzung von ansprechenden Bildern und kurzen Videos kann eine starke Markenidentität schaffen. Für kleine Unternehmen bietet Instagram die Möglichkeit, über Stories und Reels kreativ zu sein, um die Aufmerksamkeit der Nutzer zu gewinnen. Die Plattform unterstützt auch den direkten Verkauf über Instagram-Shops, was für viele Einzelhändler und Dienstleister einen direkten Vertriebsweg eröffnet. Anfänger sollten sich auf die Erstellung ansprechender Inhalte konzentrieren, die die Werte und die Persönlichkeit ihrer Marke widerspiegeln.

TikTok hat sich in den letzten Jahren rasant entwickelt und zieht vor allem die Generation Z an. Die Plattform fördert kreative und unterhaltsame Kurzvideos, die schnell viral gehen können. Dies bietet kleinen Unternehmen die Chance, durch einzigartige Inhalte und Trends eine große Reichweite zu erzielen. Die Herausforderung besteht darin, die Aufmerksamkeit der Nutzer in den ersten Sekunden zu gewinnen. Es ist wichtig, Trends zu beobachten und kreative Ansätze zu finden, um die Zielgruppe auf authentische Weise anzusprechen.

Neben diesen drei Plattformen gibt es zahlreiche weitere Optionen wie LinkedIn, das sich besonders für B2B-Kommunikation eignet, und Twitter, das Echtzeit-Updates und kurze, prägnante Nachrichten fördert. LinkedIn ermöglicht es Unternehmen, sich als Experten auf ihrem Gebiet zu positionieren und wertvolle Netzwerke zu knüpfen. Für Anfänger ist es wichtig, die spezifischen Merkmale und Zielgruppen jeder Plattform zu verstehen, um die richtige Wahl für ihre Marketingstrategie zu treffen.

Abschließend ist es für Unternehmen entscheidend, eine fundierte Entscheidung über die Nutzung von Social Media Plattformen zu treffen. Jeder Kanal hat seine eigenen Vor- und Nachteile, die je nach Zielgruppe und Marketingzielen variieren

Um erfolgreich zu sein, sollten Unternehmen ihre Strategie kontinuierlich anpassen, Inhalte planen und analysieren, um die Wirksamkeit ihrer Maßnahmen zu bewerten. Ein klarer Überblick über die wichtigsten Plattformen ist der erste Schritt, um eine effektive Social Media Strategie zu entwickeln, die sowohl Sichtbarkeit als auch Engagement fördert.

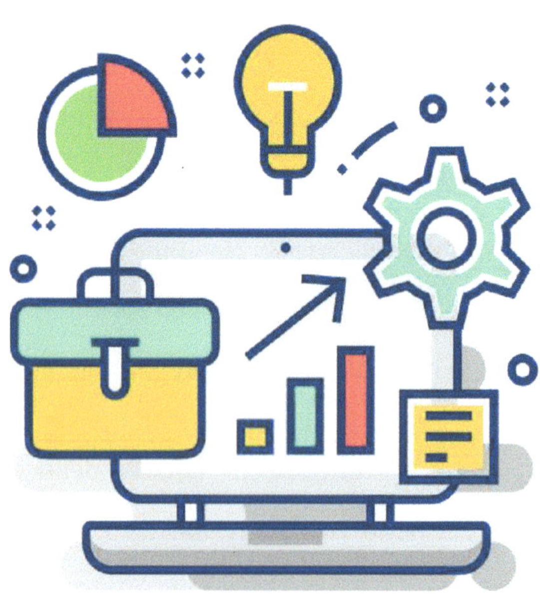

Kapitel 2: Social Media Strategie für kleine Unternehmen

Zielgruppenanalyse

Die Zielgruppenanalyse ist ein entscheidender Schritt für Unternehmen, die ihre Social-Media-Strategie erfolgreich umsetzen möchten. In diesem Prozess geht es darum, potenzielle Kunden zu identifizieren, deren Bedürfnisse und Interessen zu verstehen und diese Informationen zu nutzen, um gezielte Marketingmaßnahmen zu entwickeln. Eine fundierte Zielgruppenanalyse ermöglicht es Unternehmen, Inhalte zu erstellen, die genau auf die Wünsche ihrer Zielgruppe abgestimmt sind, und somit die Interaktion und das Engagement zu erhöhen.

Um eine effektive Zielgruppenanalyse durchzuführen, sollten Unternehmen zunächst demografische Merkmale wie **Alter, Geschlecht, Bildungsgrad** und **geografische Lage** ihrer Zielgruppe berücksichtigen. Diese Informationen helfen dabei, ein klareres Bild der potenziellen Kunden zu erhalten. Darüber hinaus ist es wichtig, psychografische Faktoren zu untersuchen, wie **Lebensstil, Werte, Interessen und Verhaltensweisen**. Diese Aspekte geben Aufschluss darüber, was die Zielgruppe motiviert und welche Kommunikationskanäle sie bevorzugt.

Ein weiterer wesentlicher Bestandteil der Zielgruppenanalyse ist die Untersuchung des **Online-Verhaltens** der potenziellen Kunden. Welche Plattformen nutzen sie am häufigsten? Wie interagieren sie mit Inhalten auf diesen Plattformen?

Durch die **Analyse von Trends und Nutzerverhalten** können Unternehmen ihre Social-Media-Strategie anpassen und gezielt auf die Plattformen setzen, die für ihre Zielgruppe am relevantesten sind. Dies ist besonders wichtig für Anfänger, die sich in der Vielzahl von Möglichkeiten orientieren müssen.

Zusätzlich sollten Unternehmen auch die Konkurrenz im Auge behalten. Eine **Wettbewerbsanalyse** kann wertvolle Einblicke liefern, welche Zielgruppen von anderen Marken angesprochen werden und welche Strategien dabei erfolgreich sind. Indem sie die Stärken und Schwächen der Konkurrenz analysieren, können kleine Unternehmen ihre eigenen Ansätze verfeinern und sich von anderen abheben. Dies ist besonders relevant für Corporate-Marketing-Teams, die möglicherweise bereits bestehende Markenstrategien berücksichtigen müssen.

Abschließend ist die kontinuierliche Überprüfung und Anpassung der Zielgruppenanalyse von großer Bedeutung. Die Bedürfnisse und Präferenzen der Konsumenten ändern sich ständig, und es ist wichtig, flexibel zu bleiben und auf diese Veränderungen zu reagieren. Durch regelmäßige Umfragen, Feedback und die Analyse von **Social-Media-Analytics** können Unternehmen sicherstellen, dass ihre Inhalte relevant bleiben und die gewünschte Zielgruppe ansprechen. Die Fähigkeit, sich an neue Trends und Entwicklungen anzupassen, wird letztendlich den langfristigen Erfolg in der digitalen Landschaft sichern.

Die **Zielgruppenanalyse** ist essenziell. Hier sollten folgende Themen auf jeden Fall beachtet werden:

- **Alter, Geschlecht & Bildungsgrad**
- **geografische Lage**
- **Lebensstil, Werte, Interessen und Verhaltensweisen**
- **Onlineverhalten**
- **Trend und Nutzerverhalten**

Darüber hinaus ist eine Wettbewerbsanalyse von großer Wichtigkeit

Festlegung von Zielen und KPIs

Die Festlegung von Zielen und KPIs (Key Performance Indicators) ist ein entscheidender Schritt für Unternehmen, die ihre Social-Media-Präsenz aufbauen oder verbessern möchten. Ohne klare Ziele besteht die Gefahr, dass die Aktivitäten auf Social-Media-Plattformen ziellos und ineffektiv bleiben. Zu Beginn sollten Unternehmen ihre übergeordneten Marketingziele definieren, wie zum Beispiel die Steigerung der Markenbekanntheit, die Generierung von Leads oder die Erhöhung des Verkaufs. Diese Ziele müssen **spezifisch, messbar, erreichbar, relevant und zeitgebunden** (SMART) formuliert werden, um einen klaren Handlungsrahmen zu schaffen.

Sobald die Ziele festgelegt sind, ist es wichtig, geeignete KPIs zu bestimmen, die den Fortschritt in Richtung dieser Ziele messen. KPIs können unterschiedliche Formen annehmen, abhängig von den spezifischen Zielen des Unternehmens. Beispielsweise könnten für die Markenbekanntheit Kennzahlen wie die **Reichweite, Impressionen** und das **Engagement** in den sozialen Medien relevant sein. Für Unternehmen, die Leads generieren möchten, könnten KPIs wie die Anzahl der Klicks auf Links oder die **Conversion-Rate** von Interessenten zu Kunden entscheidend sein. Die Auswahl der richtigen KPIs hilft, den Erfolg der Social-Media-Strategie zu quantifizieren und gegebenenfalls Anpassungen vorzunehmen.

Ein weiterer wichtiger Aspekt bei der Festlegung von Zielen und KPIs ist die Berücksichtigung der Zielgruppe. Es ist entscheidend, zu verstehen, welche Inhalte und Formate die Zielgruppe ansprechen und wie diese in den sozialen Medien interagiert. Durch die Analyse von demografischen Daten, Interessen und Verhaltensmustern können Unternehmen ihre Ziele besser anpassen und relevante KPIs auswählen. Ein tiefes Verständnis der Zielgruppe ermöglicht es, Inhalte zu erstellen, die sowohl ansprechend als auch zielgerichtet sind, was letztlich die Erreichung der gesetzten Ziele unterstützt.

Die regelmäßige Überprüfung und Anpassung der Ziele und KPIs ist ebenfalls von großer Bedeutung. Social Media ist ein dynamisches Umfeld, in dem Trends und Nutzerverhalten sich schnell ändern können. Unternehmen sollten daher ihre KPIs kontinuierlich überwachen und analysieren, um festzustellen, ob sie ihre Ziele erreichen oder ob Anpassungen erforderlich sind. Eine flexible Strategie, die auf den Ergebnissen dieser Analysen basiert, ermöglicht es kleinen Unternehmen, schnell auf Veränderungen zu reagieren und ihre Social-Media-Aktivitäten optimiert zu gestalten.

Zusammenfassend lässt sich sagen, dass die Festlegung von Zielen und KPIs für kleine Unternehmen, die im Bereich Social Media aktiv werden möchten, eine grundlegende Voraussetzung ist.

Durch die klare Definition von Zielen und die Auswahl geeigneter KPIs können Unternehmen nicht nur ihren Fortschritt messen, sondern auch sicherstellen, dass ihre Social-Media-Strategie auf den gewünschten Ergebnissen basiert. Die ständige Analyse und Anpassung dieser Ziele und KPIs ist der Schlüssel zu einer erfolgreichen und nachhaltigen Social-Media-Präsenz.

Zuerst werden die Marketing Ziele festgelegt, danach die Social Media Ziele. Diese müssen spezifisch, messbar, erreichbar, relevant und zeitgebunden formuliert werden, um sie bewerten zu können.

Danach werden die dazugehörigen KPIs definiert, wie z.B. Reichweite, Impressionen und das Engagement oder auch Conversion Rates.

Erstellung eines Social Media Plans

Die Erstellung eines Social Media Plans ist ein entscheidender Schritt für kleine und mittelständische Unternehmen, die ihre Online-Präsenz stärken möchten. Ein gut durchdachter Plan hilft dabei, Ziele zu definieren, Zielgruppen zu identifizieren und die passenden Plattformen auszuwählen. Um von den Vorteilen der sozialen Medien zu profitieren, sollten Unternehmen wie im vorherigen Kapitel bereits beschrieben zunächst ihre spezifischen Ziele festlegen, wie beispielsweise die Steigerung des Bekanntheitsgrades, die Generierung von Leads oder die Förderung des Kundenengagements. Diese Ziele sollten SMART formuliert werden, also spezifisch, messbar, erreichbar, relevant und zeitgebunden.

Im nächsten Schritt ist es wichtig, die Zielgruppe genau zu analysieren. **Wer sind die potenziellen Kunden, und welche Plattformen nutzen sie bevorzugt?** Die Analyse von demografischen Daten, Interessen und Verhaltensweisen spielt hierbei eine zentrale Rolle. Tools wie Umfragen oder **Social Media Analytics** (Siehe auch Kapitel 8) können wertvolle Einblicke geben, die dabei helfen, Inhalte zu erstellen, die die Zielgruppe ansprechen. Wenn Unternehmen wissen, wo ihre Zielgruppe aktiv ist, können sie effektiver auf Plattformen wie Facebook, Instagram, LinkedIn oder TikTok kommunizieren und sich dort präsentieren.

Nachdem die Zielgruppe festgelegt wurde, folgt die Content-Planung. Hierbei sollten verschiedene Content-Formate wie **Bilder, Videos, Stories** oder **Blogbeiträge** in Betracht gezogen werden. Eine abwechslungsreiche und ansprechende Content-Strategie sorgt dafür, dass das Publikum regelmäßig neue Informationen erhält und das Engagement steigt. Die Erstellung eines Redaktionsplans kann helfen, Inhalte im Voraus zu planen und sicherzustellen, dass diese konsistent und zeitgerecht veröffentlicht werden. Dabei ist es wichtig, auch auf **aktuelle Trends** und saisonale Ereignisse Rücksicht zu nehmen.

Community Management ist ein weiterer wichtiger Bestandteil eines erfolgreichen Social Media Plans. Die Interaktion mit Followern und die Beantwortung von Fragen oder Kommentaren schaffen Vertrauen und fördern die Kundenbindung. Unternehmen sollten sich darauf einstellen, aktiv auf ihre Community einzugehen und einen Dialog zu führen. Dies kann durch regelmäßige Beiträge, Umfragen oder das Teilen von Benutzerinhalten geschehen. Ein gutes Community Management stärkt die Markenloyalität und verwandelt Follower in treue Kunden.

Abschließend ist es entscheidend, den Social Media Plan regelmäßig zu überprüfen und anzupassen.

Die Analyse von **Performance-Daten,** wie Reichweite, Engagement und Conversion-Raten, ermöglicht es, die Strategie kontinuierlich zu optimieren. Indem Unternehmen lernen, welche Inhalte am besten funktionieren und welche Plattformen die gewünschten Ergebnisse liefern, können sie ihre Ressourcen gezielt einsetzen und die Effizienz ihrer Social Media Aktivitäten steigern.

Ein dynamischer Ansatz führt letztendlich zu einer stärkeren Online-Präsenz und einer besseren Verbindung mit der Zielgruppe.

Kapitel 3: Content-Planung und -Erstellung für Beginner

Arten von Inhalten

In der heutigen digitalen Welt ist die Vielfalt der Inhalte, die kleine Unternehmen und junge Fachkräfte erstellen können, nahezu unbegrenzt. Bei der Entwicklung einer Social Media Strategie ist es entscheidend, die verschiedenen Arten von Inhalten zu verstehen, die sowohl die Zielgruppe ansprechen als auch das Engagement fördern. Dazu gehören **Texte, Bilder, Videos, Infografiken** und **Geschichten**. Jede dieser Kategorien hat ihre eigenen Merkmale und Vorteile, die es wert sind, erkundet zu werden, um eine effektive Content-Planung und -Erstellung zu gewährleisten.

Textbasierte Inhalte sind eine der grundlegendsten Formen der Kommunikation auf Social Media. Sie können in Form von Blogbeiträgen, kurzen Statusupdates oder längeren Artikeln erscheinen. Diese Inhalte sind ideal, um Informationen zu vermitteln, Fragen zu beantworten oder Meinungen zu teilen. Besonders auf Plattformen wie LinkedIn sind gut geschriebene Texte von großer Bedeutung, da sie Expertise demonstrieren und Diskussionen anregen können. Anfänger sollten sich darauf konzentrieren, klar und präzise zu schreiben, um die Aufmerksamkeit ihrer Leser zu gewinnen und zu halten, dennoch sollten dazu auch Bilder mit gepostet werden, um die Reichweite zu erhöhen.

Visuelle Inhalte, wie Bilder und Videos, spielen eine zentrale Rolle beim Engagement auf Social Media. Studien zeigen, dass Posts mit Bildern oder Videos deutlich mehr Interaktionen erhalten als reine Textbeiträge. Plattformen wie Instagram und TikTok sind speziell auf visuelle Inhalte ausgerichtet und bieten Unternehmen die Möglichkeit, ihre Produkte oder Dienstleistungen ansprechend zu präsentieren. Für Einsteiger ist es wichtig, grundlegende Techniken der Fotografie und Videoproduktion zu erlernen, um qualitativ hochwertige Inhalte zu erstellen, die die Markenidentität stärken.

Infografiken kombinieren Text und Grafiken, um komplexe Informationen anschaulich und leicht verständlich darzustellen. Sie sind ein hervorragendes Werkzeug, um Daten und Statistiken zu visualisieren und die Aufmerksamkeit der Nutzer zu gewinnen. Besonders in der B2B-Kommunikation können Infografiken dazu beitragen, Fachwissen zu demonstrieren und das Interesse potenzieller Kunden zu wecken. Anfänger sollten sich mit den Grundlagen der Grafikgestaltung vertraut machen und Tools nutzen, die die Erstellung von Infografiken erleichtern.

Hier bietet sich die Plattform LinkedIn an, da dort die Expertise ausschlaggebend für die Lead Generierung ist.

Storytelling ist eine effektive Methode, um emotionale Verbindungen zu schaffen und die Markenbotschaft lebendig werden zu lassen. Durch das Erzählen von Geschichten können Unternehmen ihre Werte und Visionen kommunizieren, während sie gleichzeitig ihre Zielgruppe fesseln. Für Neulinge im Bereich Social Media ist es entscheidend, authentische und relatable Geschichten zu entwickeln, die die Zielgruppe ansprechen und zur Interaktion anregen. Die Fähigkeit, Geschichten zu erzählen, kann den Unterschied zwischen einem durchschnittlichen Beitrag und einem, der viral geht, ausmachen.

Zur Generierung vom Inhalten bieten sich Tools wie Canva an. Sie sind leichter zu bedienen als Profiprogramme und haben auch kostenlose Versionen.

Am meisten Reichweite erreicht man mit gut geschriebenen Texten und dazu passenden Bildern oder Videos (je nach Plattform) Wer bereits etwas mehr Erfahrung hat, kann auch Infografiken mit entsprechendem Text verwenden.

Redaktionskalender erstellen

Ein Redaktionskalender ist ein unverzichtbares Werkzeug für kleine Unternehmen und Anfänger im Bereich Social Media. Er ermöglicht eine strukturierte Planung und effiziente Umsetzung von Inhalten über verschiedene Plattformen hinweg. Bei der Erstellung eines Redaktionskalenders sollten Unternehmen zunächst die Ziele ihrer Social Media Strategie klar definieren.

Ob es darum geht, die Markenbekanntheit zu steigern, die Kundenbindung zu verbessern oder den Umsatz zu erhöhen – die Ziele beeinflussen die Themen und Formate, die im Kalender berücksichtigt werden.

Um einen effektiven Redaktionskalender zu erstellen, ist es wichtig, **relevante Themen** zu identifizieren, die sowohl die Zielgruppe ansprechen als auch zur Markenidentität passen. Hierbei können Brainstorming-Sitzungen, Umfragen unter der Zielgruppe oder die Analyse von aktuellen Trends in der Branche helfen. Die Inhalte sollten abwechslungsreich gestaltet werden, um sowohl informativ als auch unterhaltsam zu sein.

Dabei sollten verschiedene Formate wie Blogbeiträge, Videos, Infografiken oder Live-Streams eingeplant werden, um die Interaktion mit der Community zu fördern.

Ein weiterer zentraler Aspekt bei der Erstellung eines Redaktionskalenders ist die **zeitliche Planung** der Inhalte. Unternehmen sollten festlegen, wie oft und wann sie Inhalte veröffentlichen möchten. Dabei ist es ratsam, einen Mix aus regelmäßigen Beiträgen und spontanen, aktuellen Themen einzuplanen.

Die Berücksichtigung von saisonalen Events, Feiertagen oder branchenspezifischen Anlässen kann ebenfalls dazu beitragen, die Relevanz der Inhalte zu erhöhen. Ein gut geplanter Zeitrahmen sorgt zudem dafür, dass das Team nicht in Zeitnot gerät und die Qualität der Beiträge leidet.

Die Nutzung geeigneter Tools zur Erstellung und Verwaltung des Redaktionskalenders kann den Prozess erheblich erleichtern. Plattformen wie Trello, Asana oder Google Kalender bieten Funktionen, die es Teams ermöglichen, Aufgaben zuzuweisen, Deadlines zu setzen und den Überblick über die geplanten Inhalte zu behalten. Ein klar strukturierter Kalender fördert die Zusammenarbeit im Team und sorgt dafür, dass alle Mitglieder auf dem gleichen Stand sind. Zudem können Anpassungen und Änderungen schnell und unkompliziert vorgenommen werden.

Tools wie Hootsuite oder Agorapulse bieten sich an, um Beiträge direkt vorzuplanen und Personen im Team zuzuweisen. Ebenso bieten sie direkt die Datenauswertung mit an, die ansonsten sehr zeitaufwendig wird, wenn diese ohne Hilfe bei der Auswertung zusammengestellt werden muss.

Schließlich ist es wichtig, den Redaktionskalender regelmäßig zu evaluieren und anzupassen. Die Analyse der Performance der veröffentlichten Inhalte liefert wertvolle Erkenntnisse darüber, was funktioniert und was nicht.

 Social Media Analytics-Tools helfen dabei, die Interaktionen, Reichweiten und das Engagement der Zielgruppe zu messen. Auf Basis dieser Daten können Unternehmen ihre Strategie optimieren, neue Trends erkennen und sicherstellen, dass ihre Inhalte stets relevant und ansprechend bleiben.

Wichtig ist jedoch, dass Änderungen sich nicht direkt bemerkbar machen. Es sollten nicht direkt alle Parameter angepasst werden, da sonst nicht mehr sichtbar ist, welche Änderung zu welchem Effekt geführt hat.

Ebenso sollte man je nach Änderung zwischen zwei und vier Wochen abwarten bis zur Bewertung der Anpassungen.

Social Media Tools wie z.B. Hootsuite oder agorapulse können nicht nur Beiträge vorplanen, sondern auch bestimmte Auswertungen eigenständig vornehmen. Das spart Zeit und benötigt weniger Tiefenwissen über die Analytics in Social Media.

Tipps zur Inhaltserstellung

In der heutigen digitalen Welt ist die Erstellung von ansprechendem Inhalt für soziale Medien von entscheidender Bedeutung, insbesondere für kleine und mittelständische Unternehmen und junge Professionals. Um erfolgreich zu sein, sollten Sie sich zunächst über Ihre Zielgruppe im Klaren sein. Wer sind Ihre potenziellen Kunden, und welche Inhalte sprechen sie an? Nutzen Sie Umfragen oder Analysen, um mehr über die Interessen und Bedürfnisse Ihrer Zielgruppe zu erfahren. Dies hilft Ihnen, relevant zu bleiben und Ihre Inhalte gezielt zu gestalten.

Ein weiterer wichtiger Aspekt der Inhaltserstellung ist die Planung. Ein durchdachter **Content-Plan** hilft dabei, konsistent zu posten und verschiedene Formate zu nutzen, um Ihre Botschaft effektiv zu kommunizieren. Berücksichtigen Sie verschiedene Plattformen wie Facebook, Instagram, LinkedIn und TikTok, da jede ihre eigenen Besonderheiten hat.

Planen Sie Ihre Inhalte im Voraus wie im vorherigen Kapitel beschrieben, um sicherzustellen, dass Sie eine ausgewogene Mischung aus informativen, unterhaltsamen und verkaufsfördernden Posts haben. Tools wie Kalender und Content-Management-Systeme können Ihnen dabei helfen, den Überblick zu behalten.

Storytelling spielt eine zentrale Rolle in der Inhaltserstellung. Menschen erinnern sich an Geschichten besser als an bloße Fakten. Nutzen Sie Storytelling-Techniken, um Ihre Marke menschlicher und zugänglicher zu machen. Teilen Sie Geschichten über Ihre Unternehmenswerte, Erfolge oder Herausforderungen. Dies schafft eine emotionale Verbindung zu Ihrer Zielgruppe und fördert das Engagement. Achten Sie darauf, authentisch zu bleiben und Ihre eigene Stimme zu finden, um das Vertrauen Ihrer Community zu gewinnen.

Rechtliche Aspekte sollten ebenfalls nicht vernachlässigt werden. Informieren Sie sich über die geltenden Gesetze und Bestimmungen in Bezug auf **Urheberrecht, Datenschutz** und **Werbung** in sozialen Medien. Dies ist besonders wichtig, um rechtliche Probleme zu vermeiden und das Vertrauen Ihrer Follower zu stärken. Achten Sie darauf, dass Sie die Rechte an Bildern und Inhalten, die Sie verwenden, besitzen oder die entsprechenden Lizenzen haben.

Schließlich ist die Analyse Ihrer Inhalte ein entscheidender Schritt, um Ihre Strategie kontinuierlich zu verbessern.

Nutzen Sie die **Analysetools** der verschiedenen Plattformen, um zu verstehen, welche Inhalte gut ankommen und welche weniger effektiv sind. Achten Sie auf **Kennzahlen** wie Engagement-Rate, Reichweite und Klicks. Diese Daten helfen Ihnen, Ihre Inhalte anzupassen und gezielt auf die Bedürfnisse Ihrer Zielgruppe einzugehen. Indem Sie regelmäßig Ihre Strategie überprüfen und anpassen, können Sie langfristig erfolgreich in den sozialen Medien agieren.

Kapitel 4: Community Management für Neulinge
Interaktion mit der Community

Interaktion mit der Community ist ein wesentlicher Bestandteil einer erfolgreichen Social Media Strategie für Unternehmen.

In der heutigen digitalen Welt erwarten Nutzer nicht nur Inhalte, sondern auch eine **aktive Teilnahme** und **Kommunikation mit Marken**. Durch die Schaffung eines Dialogs können Unternehmen nicht nur das Vertrauen ihrer Zielgruppe gewinnen, sondern auch wertvolles Feedback erhalten, das zur Verbesserung ihrer Produkte und Dienstleistungen beiträgt.

Es ist wichtig, dass gerade kleinere und mittelständische Unternehmen verstehen, wie sie ihre Community ansprechen und einbinden können, um eine loyale Anhängerschaft aufzubauen.

Ein effektives Community Management beginnt mit der Identifizierung der Zielgruppe. Unternehmen sollten genau wissen, wen sie ansprechen möchten und welche **Plattformen** diese Zielgruppe bevorzugt. Facebook, LinkedIn, Instagram und TikTok bieten unterschiedliche Möglichkeiten zur Interaktion, und der richtige Kanal kann entscheidend sein.

Auf **Facebook** können längere Diskussionen stattfinden, es werden echte Communities gebildet und es findet ein ehrlicher Austausch statt, entweder öffentlich einsehbar oder in geschlossenen Gruppen. Beides bedeutet jedoch eine enge Begleitung und braucht Zeit. **Instagram** dagegen stellt visuelle Inhalte und Storytelling in den Vordergrund. Die Bilder müssen im Vergleich zu Facebook wesentlich besser durchdacht sein, damit sie Reichweite erzeugen. **TikTok** lebt von kurzen, kreativen Videos und der viralen Verbreitung von Trends, schnellen Reaktionen und guten Hooks. Und zu guter Letzt **LinkedIn** als Business Plattform lebt von guten Texten und dazu passenden Bildern. Eine klare Strategie zur Zielgruppenansprache ist daher unerlässlich, wenn die verschiedenen Plattformen die Zielerreichung unterstützen sollen.

Sobald die **Zielgruppe** definiert ist, sollten Unternehmen aktiv Inhalte erstellen, die zur Interaktion anregen. Fragen, Umfragen und Diskussionsthemen sind hervorragende Möglichkeiten, um Nutzer zu ermutigen, ihre Meinungen zu teilen. Zudem können Unternehmen User-Generated Content fördern, indem sie ihre Community auffordern, eigene Inhalte zu erstellen und zu teilen. Diese Art der Interaktion stärkt nicht nur die Bindung zur Marke, sondern erhöht auch die Sichtbarkeit in den sozialen Medien, da Nutzer eher bereit sind, Inhalte zu teilen, die sie selbst erstellt haben.

Zusätzlich ist es wichtig, auf die Interaktionen der Community zu reagieren. Kommentare, Nachrichten und Erwähnungen sollten zeitnah beantwortet werden, um den Nutzern zu zeigen, dass ihre Meinungen wertgeschätzt werden. Ein **aktives Community Management** kann auch dazu beitragen, potenzielle Krisen zu vermeiden, indem Probleme schnell angesprochen und gelöst werden. Die Fähigkeit, im Dialog zu bleiben und auf Feedback einzugehen, ist entscheidend für den Aufbau einer positiven **Markenwahrnehmung**.

Abschließend lässt sich sagen, dass die Interaktion mit der Community nicht nur eine Möglichkeit ist, die Sichtbarkeit eines Unternehmens zu erhöhen, sondern auch ein wichtiger Schritt hin zu einer starken, loyalen **Kundenbasis**. Durch die gezielte Ansprache der Zielgruppe, die Förderung von Engagement und die aktive Kommunikation kann jedes Unternehmen seine Präsenz in den sozialen Medien nachhaltig stärken. Die Investition in ein effektives Community Management zahlt sich langfristig aus, da zufriedene Kunden nicht nur wiederkehren, sondern auch zu wertvollen Markenbotschaftern werden.

Umgang mit Feedback und Kritik

Umgang mit Feedback und Kritik ist ein entscheidender Aspekt für kleinere Unternehmen und Marketing-Teams, die ihre Präsenz in sozialen Medien ausbauen möchten. In der digitalen Welt ist es unvermeidlich, dass Nutzer ihre Meinungen und Rückmeldungen äußern. Das Verständnis und die richtige Handhabung von Feedback können nicht nur zur Verbesserung der eigenen Strategie beitragen, sondern auch das Vertrauen und die Loyalität der Community stärken. Eine positive Einstellung zu Kritik ist daher unerlässlich, um langfristige Beziehungen zu Kunden und Followern aufzubauen.

Zunächst ist es wichtig, **Feedback als wertvolles Instrument** zu betrachten. Konstruktive Kritik kann Ihnen helfen, Schwächen in Ihrer Social-Media-Strategie zu identifizieren und Ihre Inhalte gezielt zu optimieren. Anstatt sich durch negative Kommentare entmutigen zu lassen, sollten Sie diese als Chance zur Weiterentwicklung nutzen. Analysieren Sie die Rückmeldungen und suchen Sie nach wiederkehrenden Mustern oder Themen, die Ihnen Hinweise darauf geben, wie Sie Ihre Kommunikation und Ihr Angebot verbessern können. Wichtig ist jedoch zu unterscheiden, ob die Kommentare als wirkliches Feedback gemeint sind, oder es sich um sogenannte "Trolle" handelt, die an einer wirklichen Debatte um das Thema gar nicht gelegen ist.

Ein weiterer zentraler Punkt im Umgang mit Feedback ist die **Reaktionsgeschwindigkeit**. In sozialen Medien erwarten Nutzer oft zeitnahe Antworten. Wenn Sie auf Kritik oder Anfragen schnell reagieren, zeigen Sie, dass Sie die Meinungen Ihrer Community wertschätzen. Dies fördert nicht nur das Engagement, sondern kann auch dazu führen, dass negative Erfahrungen in positive umgewandelt werden. Eine prompte und professionelle Antwort kann oft die Gemüter beruhigen und das Vertrauen in Ihr Unternehmen stärken.

Darüber hinaus sollten Sie sich bewusst sein, dass nicht jede Kritik gerechtfertigt ist. Es ist wichtig, zwischen konstruktivem Feedback und unqualifizierten Kommentaren zu unterscheiden. Während Sie auf die konstruktiven Rückmeldungen eingehen sollten, kann es sinnvoll sein, sich von persönlichen Angriffen oder beleidigenden Kommentaren nicht aus der Ruhe bringen zu lassen. Lernen Sie, Kritik zu filtern und sich auf das Wesentliche zu konzentrieren, um Ihre Strategie kontinuierlich zu verbessern.

Abschließend lässt sich sagen, dass der Umgang mit Feedback und Kritik einen wesentlichen Bestandteil Ihrer Social-Media-Strategie darstellt. Es ist wichtig, eine offene und positive Haltung zu entwickeln, um aus Rückmeldungen zu lernen und diese in Ihre Planungen einfließen zu lassen.

Indem Sie aktiv auf die Bedürfnisse und Wünsche Ihrer Zielgruppe eingehen, können Sie Ihre Community stärken und eine langfristige Kundenbindung aufbauen. Die Fähigkeit, Feedback effektiv zu nutzen, wird Ihr Unternehmen nicht nur wachsen lassen, sondern auch Ihre Marke in der digitalen Welt festigen.

Umgang mit der Community:

- Kommentare zeitnah lesen und bearbeiten / beantworten
- Nicht jeder Kommentierende meint es wirklich ernst. Lernen Sie, die echten Kritiker und Fans von den "Trollen" zu unterscheiden
- Kritik als Feedback nutzen, um Produkt und Strategie immer wieder zu hinterfragen

Strategien zur Community-Bildung

Die Bildung einer engagierten Community ist für kleine und mittelständische Unternehmen und "Social Media Newbies" von entscheidender Bedeutung, um ihre Markenpräsenz im digitalen Raum zu stärken. Eine effektive Community-Bildung beginnt, wie auch schon in vorherigen Kapiteln angesprochen mit der **Identifikation der Zielgruppe**. Analysieren Sie, wenn Sie ihre Kundengruppe wie beschrieben definiert haben, alle Nutzerdaten, die Sie bekommen können. Nutzen Sie Umfragen, Feedback-Formulare oder Social Media Analytics, um ein besseres Verständnis für die Bedürfnisse Ihrer potenziellen Community-Mitglieder zu entwickeln. Diese Informationen helfen Ihnen, Inhalte zu erstellen, die die Interaktionen Ihrer Zielgruppe fördern.

Ein zentraler Bestandteil der Community-Bildung ist die Erstellung und Planung von relevantem Content und das regelmäßige Teilen von Informationen. Erstellen Sie Content, der Ihre Community interessiert: **Geschichten**, die Ihre Marke und Ihre Werte vermitteln, können eine emotionale Bindung zu Ihrer Zielgruppe aufbauen. Achten Sie darauf, verschiedene Formate zu nutzen, wie Texte, Bilder und Videos, um die Aufmerksamkeit zu erhöhen und die Interaktion zu fördern. Stellen Sie Fragen, um Diskussionen anzuregen, und ermutigen Sie Ihre Follower, ihre Gedanken und Erfahrungen zu teilen.

Engagement ist der Schlüssel zur langfristigen Bindung Ihrer Community. Reagieren Sie zeitnah auf Kommentare und Nachrichten, um eine offene und einladende Atmosphäre zu schaffen. Zeigen Sie, dass Sie die Meinungen und Beiträge Ihrer Community schätzen. Organisieren Sie regelmäßig Webinare, Live-Q&A-Sessions oder Umfragen, um den Austausch zu fördern und Ihre Community aktiv einzubeziehen. Diese Interaktionen stärken nicht nur die Bindung, sondern bieten auch wertvolle Einblicke in die Wünsche und Bedürfnisse Ihrer Mitglieder.

Ein weiterer wichtiger Aspekt ist die strategische Nutzung von Plattformen wie Facebook, Instagram, LinkedIn und TikTok. Jede Plattform hat ihre eigenen Besonderheiten und Zielgruppen. Erstellen Sie einen maßgeschneiderten Content-Plan, der auf die spezifischen Eigenschaften der jeweiligen Plattform abgestimmt ist. Nutzen Sie visuelle Inhalte auf Instagram, um Ihre Produkte ansprechend zu präsentieren, während TikTok sich ideal für kreative und unterhaltsame Videos eignet. Facebook kann meist den Instagram Content mit benutzen, bedarf jedoch manchmal eines anderen Textes, da die Zielgruppe anders agiert. LinkedIn hingegen bedarf Tiefenwissen, wenn Sie Ihr Unternehmen als Experte in Ihrem Bereich darstellen möchten. Durch die gezielte Ansprache und die Anpassung Ihrer Inhalte an die jeweilige Plattform können Sie die Sichtbarkeit und Interaktion Ihrer Community erhöhen.

Abschließend sollten Sie die Entwicklung Ihrer Community durch regelmäßige Analyse und Anpassung Ihrer Strategien überwachen. Nutzen Sie **Social Media Analytics**, um zu verstehen, welche Inhalte und Interaktionen am besten funktionieren. Evaluieren Sie Ihre Erfolge und Herausforderungen, und passen Sie Ihre Strategien entsprechend an. Diese kontinuierliche Verbesserung ist entscheidend, um eine lebendige und engagierte Community zu fördern, die nicht nur Ihrer Marke zugutekommt, sondern auch den Mitgliedern einen echten Mehrwert bietet.

Kapitel 5: Plattformvergleich: , LinkedIn, Facebook, Instagram und TikTok

Facebook: Vor- und Nachteile

Facebook bietet kleinen und mittelständischen Unternehmen zahlreiche **Vorteile**, die sie bei der Nutzung der Plattform berücksichtigen sollten. Zunächst ermöglicht Facebook eine breite **Reichweite**, da die Plattform über 2 Milliarden aktive Nutzer hat. Dies bedeutet, dass Unternehmen potenziell eine große Zielgruppe erreichen können, wenn die Inhalte für diese optimiert wird. Darüber hinaus bietet Facebook eine Vielzahl von Werbemöglichkeiten, die es Unternehmen ermöglichen, gezielte Anzeigen zu schalten und ihre Zielgruppe basierend auf Interessen, demografischen Daten und Verhaltensweisen anzusprechen. Diese präzise Zielgruppenansprache kann die Effektivität von Marketingkampagnen erheblich steigern.

Ein weiterer Vorteil von Facebook ist die Möglichkeit, mit der Community zu interagieren, egal ob über Fokusgruppen, Diskussionsrunden oder gezielte Ansprache auf Drittseiten. Unternehmen können direkt mit ihren Kunden kommunizieren, Fragen beantworten und Feedback einholen. Diese Interaktion fördert nicht nur das Vertrauen zwischen Unternehmen und Kunden, sondern hilft auch, die Kundenbindung zu stärken.

Zudem können Unternehmen durch regelmäßige Updates und Beiträge ihre Markenidentität präsentieren und sich als Experten in ihrem Bereich positionieren. Dies ist besonders wichtig für kleinere Unternehmen, die sich von größeren Konkurrenten abheben möchten.

Trotz der vielen Vorteile gibt es auch einige **Nachteile,** die Unternehmen berücksichtigen sollten. Ein häufiges Problem ist der ständige **Algorithmuswechsel,** der die Sichtbarkeit von Beiträgen beeinflussen kann. Unternehmen müssen ihre Strategien kontinuierlich anpassen, um sicherzustellen, dass ihre Inhalte von der Zielgruppe gesehen werden. Dies kann zeitaufwendig sein und erfordert ein gewisses Maß an Fachwissen im Bereich Social Media Management. Dieses kann man sich natürlich aneignen, allerdings braucht dies kontinuierliche Beobachtung der Daten und Zeit, die eigenen Auswertungen entsprechend einzuordnen.

Ein weiterer Nachteil ist die hohe Konkurrenz auf der Plattform. Da viele Unternehmen Facebook für ihre Marketingstrategien nutzen, kann es schwierig sein, aus der Masse herauszustechen. Vergleichsweise gering ist dagegen das benötigte Budget. Kreative und innovative Inhalte sind entscheidend, um die Aufmerksamkeit der Nutzer zu gewinnen. Unternehmen müssen auch sicherstellen, dass sie regelmäßig Inhalte veröffentlichen, um das Engagement aufrechtzuerhalten und ihre Follower nicht zu verlieren. Zu guter Letzt ist die Plattform vor allem für die Zielgruppe der Boomer und Generation X geeignet.

Zusammenfassend lässt sich sagen, dass Facebook sowohl Vor- als auch Nachteile für kleine und mittelständische Unternehmen bietet:

Die Möglichkeit, eine große Zielgruppe zu erreichen und direkt mit Kunden zu interagieren, ist ein bedeutender Vorteil. Allerdings erfordert die erfolgreiche Nutzung der Plattform eine kontinuierliche Anpassung der Strategien und die Schaffung von qualitativ hochwertigen Inhalten. Unternehmen sollten sorgfältig abwägen, ob und wie sie Facebook in ihre Social-Media-Strategien integrieren, um die bestmöglichen Ergebnisse zu erzielen.

Instagram: Vor- und Nachteile

Instagram hat sich als eine der führenden Social-Media-Plattformen etabliert und bietet sowohl Vor- als auch Nachteile. Einer der größten **Vorteile** ist die visuelle Natur der Plattform. Unternehmen können ihre Produkte und Dienstleistungen durch ansprechende Bilder und Videos präsentieren, was besonders für Marken in kreativen Branchen von Vorteil ist. Die Möglichkeit, Geschichten und Emotionen durch visuelle Inhalte zu erzählen, ermöglicht es, eine starke Markenidentität aufzubauen und eine engagierte Community zu entwickeln.

Auch für B2B Unternehmen lässt sich die Plattform hervorragend nutzen, um die Unternehmenskultur und das Employer Branding zu fördern. Potentielle zukünftige Arbeitnehmer können so mehr über das Unternehmen herausfinden und sich mit der Kultur und dem Unternehmen selbst bereits identifizieren, was die Loyalität nach der Einstellung extrem stärkt.

Ein weiterer Vorteil von Instagram ist die große Reichweite und das Potenzial zur Interaktion mit einer breiten Zielgruppe. Die Plattform hat weltweit Millionen von Nutzern, darunter viele junge Menschen, die als potenzielle Kunden oder zukünftige Arbeitnehmer in Betracht gezogen werden können. Durch gezielte Hashtags und Standortmarkierungen können Unternehmen ihre Sichtbarkeit erhöhen und neue Follower gewinnen.

Außerdem ermöglicht die Interaktion über Kommentare und Direktnachrichten eine unmittelbare Kommunikation mit der Zielgruppe, was die Kundenbindung stärkt.

Auf der anderen Seite gibt es auch einige **Nachteile**, die berücksichtigt werden sollten. Der Wettbewerb auf Instagram ist enorm, da viele Unternehmen um die Aufmerksamkeit der Nutzer kämpfen. Dies kann es für neue oder kleinere Unternehmen schwierig machen, sich abzuheben und organisch Follower zu gewinnen. Zudem erfordert die Plattform eine regelmäßige und qualitativ hochwertige Content-Produktion, was für kleinere Unternehmen mit begrenzten Ressourcen eine Herausforderung darstellen kann. Darüber hinaus braucht es, um bei Instagram schneller an Reichweite zu gewinnen, ein gewisses Werbebudget.

Ein weiterer Nachteil ist die sich ständig ändernde Algorithmusstruktur von Instagram. Die Sichtbarkeit von Beiträgen kann schwanken, was bedeutet, dass Unternehmen nicht immer sicher sein können, dass ihre Inhalte die gewünschte Reichweite erzielen. Dies erfordert eine sorgfältige Analyse der Performance von Beiträgen und eine ständige Anpassung der Strategie. Ebenso sind die sogenannten "Blacklists" von Hashtags ständig zu prüfen, die Ihre Beiträge herausrufen können. Für Anfänger kann dies frustrierend sein, da es zusätzliche Zeit und Fachwissen erfordert, um die Plattform effektiv zu nutzen.

Zusammenfassend lässt sich sagen, dass Instagram sowohl Chancen als auch Herausforderungen für kleine Unternehmen bietet:

Während die visuelle Natur der Plattform und die Möglichkeit zur direkten Interaktion mit der Zielgruppe große Vorteile darstellen, sind der intensive Wettbewerb und die Notwendigkeit einer konstanten Content-Produktion nicht zu unterschätzen. Für Unternehmen, die bereit sind, in eine durchdachte Strategie zu investieren und sich kontinuierlich weiterzubilden, kann Instagram jedoch ein wertvolles Werkzeug zur Markenbildung und Kundenbindung sein.

TikTok: Vor- und Nachteile

TikTok hat in den letzten Jahren enorm an Popularität gewonnen und bietet kleinen und mittleren Unternehmen eine spannende Plattform, um ihre Zielgruppen zu erreichen. Die Nutzung von TikTok kann jedoch sowohl Vor- als auch Nachteile mit sich bringen. Ein wesentlicher **Vorteil** ist die hohe Reichweite und das Potenzial für virale Inhalte. Kreative und ansprechende Videos können innerhalb kürzester Zeit von Millionen von Nutzern gesehen werden, was es Unternehmen ermöglicht, ihre Markenbekanntheit erheblich zu steigern. Bei der Erstellung von Inhalten, die mit Trends und Herausforderungen spielen, können Unternehmen ihre Sichtbarkeit erhöhen und sich in der Community positionieren.

Ein weiterer Vorteil von TikTok ist die jüngere Zielgruppe, die die Plattform dominiert. Für kleine Unternehmen, die Produkte oder Dienstleistungen für Millennials und Gen Z anbieten, kann dies eine wertvolle Gelegenheit sein, direkt mit ihrer Zielgruppe zu interagieren. Ebenso ist die Plattform für die Markenbildung eine große Chance. Die interaktive Natur von TikTok ermöglicht es Unternehmen, Feedback in Echtzeit zu erhalten und ihre Inhalte entsprechend anzupassen. Zudem können durch kreative Herausforderungen und Hashtag-Kampagnen Communitys gebildet werden, die das Engagement fördern.

Allerdings gibt es auch **Nachteile**, die bei der Nutzung von TikTok berücksichtigt werden sollten. Die Plattform erfordert ein hohes Maß an Kreativität und Schnelligkeit, was für viele Unternehmen eine Herausforderung darstellen kann. Die Erstellung qualitativ hochwertiger und ansprechender Videos kann zeitaufwendig sein und erfordert möglicherweise zusätzliche Ressourcen, die nicht immer zur Verfügung stehen. Zudem kann es für Unternehmen schwierig sein, die richtige Balance zwischen Unterhaltung und Marketing zu finden, ohne dass die Inhalte als zu werblich wahrgenommen werden.

Ein weiterer Nachteil ist die schnelllebige Natur von TikTok. Trends ändern sich rasant, und was heute populär ist, kann morgen bereits veraltet sein. Für kleine Unternehmen bedeutet dies, dass sie ständig auf dem neuesten Stand bleiben und ihre Strategien regelmäßig anpassen müssen, um relevant zu bleiben. Diese ständige Anpassung kann sowohl zeitaufwendig als auch ressourcenintensiv sein, was insbesondere für Unternehmen mit begrenzten Budgets eine Herausforderung darstellt.

Zu guter letzt ist anzusprechen, dass die Plattform in verschiedenen Ländern rechtlich nicht unbedenklich eingestuft ist. Verletzungen des Datenschutzes aber auch die bekannten "TikTok Challenges", die bereits junge Opfer gefordert haben, lassen viele davor zurückschrecken, die Plattform für ihr Unternehmen zu nutzen.

Zusammenfassend lässt sich sagen, dass TikTok sowohl Vor- als auch Nachteile für kleine und mittlere Unternehmen bietet:

Die Plattform hat das Potenzial, enorme Reichweiten zu generieren und junge Zielgruppen anzusprechen, erfordert jedoch auch ein hohes Maß an Kreativität und ständige Anpassungsfähigkeit. Unternehmen sollten sorgfältig abwägen, ob die Vorteile die Herausforderungen überwiegen und wie sie TikTok effektiv in ihre Social Media Strategie integrieren können.

Ebenso muss das Unternehmen generell entscheiden, ob es auf einer Plattform aktiv sein möchte, die nicht immer mit den Werten des eigenen Unternehmens konform gehen wird.

LinkedIn: Vor- und Nachteile

LinkedIn hat sich als eine der führenden Plattformen für berufliche Netzwerke etabliert und bietet sowohl Vor- als auch Nachteile für kleine und mittelständische Unternehmen sowie für junge Fachkräfte. Ein wesentlicher **Vorteil** von LinkedIn ist die Möglichkeit, gezielt mit Fachleuten aus der eigenen Branche in Kontakt zu treten. Dies schafft nicht nur wertvolle Geschäftskontakte, sondern ermöglicht auch den Austausch von Wissen und Erfahrungen. Für Unternehmen ist es eine Plattform, um ihre Expertise zu präsentieren und potenzielle Kunden oder Partner zu erreichen.

Darüber hinaus bietet die Plattform die Möglichkeit über "Corporate Influencer", also Mitarbeiter, die auf der Plattform aktiv sind, dem eigenen Unternehmen Reichweite zu generieren.

Ein weiterer Pluspunkt von LinkedIn ist die Möglichkeit, gezielte Inhalte zu teilen und sich als Thought Leader in der Branche zu positionieren. Durch das Veröffentlichen von Artikeln, Updates und Branchennachrichten können Unternehmen ihre Sichtbarkeit erhöhen und Vertrauen bei ihrer Zielgruppe aufbauen. Diese Form der Content-Planung und -Erstellung ist für Anfänger besonders wertvoll, da sie Lernmöglichkeiten bietet und die eigene Marke stärken kann. Zudem können Unternehmen durch die Analyse von Engagement und Interaktionen wertvolle Einblicke in die Interessen ihrer Zielgruppe gewinnen.

Dennoch gibt es auch einige **Nachteile**, die es zu berücksichtigen gilt. Die Konkurrenz auf LinkedIn ist erheblich, und es kann herausfordernd sein, sich von anderen abzuheben. Viele Unternehmen und Fachkräfte nutzen die Plattform aktiv, was bedeutet, dass es notwendig ist, kreative und ansprechende Inhalte zu entwickeln, um die Aufmerksamkeit der Nutzer zu gewinnen. Für Anfänger im Community Management kann dies eine hohe Einstiegshürde darstellen, da sie möglicherweise nicht über die Ressourcen oder das Wissen verfügen, um effektive Strategien zu entwickeln.

LinkedIn ist im Vergleich zu anderen Plattformen ein gefühlter Marathon, bis man sichtbare Reichweite erlangt.

Ein weiterer Nachteil ist, dass LinkedIn in erster Linie auf berufliche Netzwerke ausgerichtet ist. Dies kann dazu führen, dass die Plattform weniger für kreative oder unterhaltsame Inhalte geeignet ist, die auf anderen sozialen Medien wie Instagram oder TikTok besser funktionieren. Für Unternehmen, die in einer kreativen Branche tätig sind, könnte dies bedeuten, dass sie ihre Strategien anpassen müssen, um auf LinkedIn erfolgreich zu sein. Es ist wichtig, die Zielgruppe und deren Erwartungen zu verstehen, um geeignete Inhalte zu erstellen.

Derzeit werden auch gezielt Videoformate auf LinkedIn genutzt. Allerdings gab es auch schon einmal Stories wie bei Instagram. Ob sich das LinkedIn Videoformat hält, bleibt also zu beobachten. Das bedeutet aber auch sehr enge Bewertung der Inhalte und Änderungen der Plattform.

Abschließend lässt sich sagen, dass LinkedIn für kleine Unternehmen und junge Fachkräfte sowohl eine wertvolle Ressource als auch eine Herausforderung darstellt.

Die Plattform bietet zahlreiche Möglichkeiten zur Vernetzung und zum Wissensaustausch, erfordert jedoch auch ein gewisses Maß an strategischer Planung und Kreativität. Für Einsteiger im Bereich Social Media ist es entscheidend, die Vor- und Nachteile von LinkedIn abzuwägen und eine Strategie zu entwickeln, die auf die spezifischen Ziele und Bedürfnisse des Unternehmens abgestimmt ist.

Kapitel 6: Storytelling für Social Media Einsteiger
Die Elemente einer guten Geschichte

Die Elemente einer guten Geschichte sind entscheidend für die Entwicklung einer ansprechenden Social-Media-Präsenz. Geschichten fesseln das Publikum und schaffen eine emotionale Verbindung. Um diese Verbindung herzustellen, sind einige grundlegende Elemente notwendig:

Zunächst einmal ist ein klarer Konflikt oder ein **Problem** von zentraler Bedeutung. Dieser Konflikt zieht die Aufmerksamkeit der Zielgruppe an und motiviert sie, mehr erfahren zu wollen. Kleine und mittelständische Unternehmen sollten überlegen, welche Herausforderungen sie oder ihre Kunden erleben und wie sie diese in ihre Geschichten einfließen lassen können.

Ein weiterer wichtiger Aspekt ist der Charakter oder die **Hauptfigur** der Geschichte. In der Regel sind dies die Gründer des Unternehmens, die Mitarbeiter oder sogar die Kunden. Diese Charaktere sollten menschlich und nachvollziehbar sein, damit die Zielgruppe sich mit ihnen identifizieren kann. Die Darstellung von echten Menschen und deren Erfahrungen kann helfen, **Authentizität** zu vermitteln und das Vertrauen in die Marke zu stärken. Geschichten, die persönliche Erlebnisse und Emotionen beinhalten, haben eine höhere Chance, in den sozialen Medien geteilt zu werden.

Ein gut strukturierter **Handlungsverlauf** ist ebenfalls von Bedeutung. Die Geschichte sollte einen klaren Anfang, eine Mitte und ein Ende haben.

Zu Beginn sollten die Charaktere und der Konflikt vorgestellt werden. Im Hauptteil der Geschichte wird der Konflikt vertieft, und es werden Lösungen oder Veränderungen präsentiert. Schließlich sollte die Geschichte mit einem starken Abschluss enden, der das Publikum zum Nachdenken anregt oder eine klare Botschaft vermittelt. Diese Struktur hilft nicht nur bei der Planung von Inhalten, sondern erleichtert auch das Verständnis der Botschaft. Wichtig bei der Erstellung des Inhalts ist der erste Satz, der sogenannte "Hook", der die Community dazu verleiten soll, mehr lesen oder sehen zu wollen und somit mit dem Beitrag zu interagieren.

Die Verwendung von **visuellen Elementen** kann die Erzählung ebenfalls verbessern. Bilder, Videos und Grafiken können die Geschichte lebendiger und einprägsamer gestalten. Auf Plattformen wie Instagram und TikTok sind visuelle Inhalte besonders wichtig, da sie oft die erste Interaktion eines Nutzers mit einer Marke darstellen. Die Kombination aus Text und visuellen Elementen kann dazu beitragen, die Aufmerksamkeit der Nutzer zu gewinnen und sie dazu zu bringen, mehr über die Marke erfahren zu wollen. Bei den visuellen Beiträgen muss immer die Zielgruppe beachtet werden: Die Reaktion auf visuelle Beiträge ist stark davon abhängig, welche Zielgruppe angesprochen wird - und muss entsprechend für die verschiedenen Plattformen angepasst werden.

Schließlich ist die Einbindung der Community ein entscheidender Teil des Storytellings in sozialen Medien. Die Geschichten sollten nicht nur einseitig sein; die Zielgruppe sollte aktiv in den Dialog einbezogen werden.

Fragen, Umfragen oder Aufrufe zur Beteiligung können helfen, eine engagierte Community aufzubauen. Wenn Nutzer das Gefühl haben, dass ihre Meinungen und Erfahrungen wertgeschätzt werden, sind sie eher bereit, Inhalte zu teilen und die Marke weiterzuempfehlen. Die Interaktion mit der Community stärkt nicht nur die Markenloyalität, sondern fördert auch eine lebendige und dynamische Online-Präsenz.

TIP:

Wenn Sie in ihrem Unternehmen Mitarbeiter haben, die auf den verschiedenen Plattformen aktiv sind, können Sie sie als eigene Corporate Influencer agieren. Das macht die Aussagen, die Sie über die Community verbreiten wollen wesentlich glaubwürdiger. Ausserdem stärkt die Aktivität von Mitarbeitern auf den Plattformen Ihre Arbeitgebermarke.

Geschichten für verschiedene Plattformen anpassen

In der heutigen digitalen Landschaft ist es entscheidend, Inhalte zu erstellen, die auf die spezifischen Anforderungen und Erwartungen jeder Plattform abgestimmt sind. Facebook, Instagram und TikTok haben unterschiedliche Nutzerverhalten und Formate, die es erfordern, Geschichten unterschiedlich zu erzählen. Eine Geschichte, die auf Facebook funktioniert, könnte auf Instagram oder TikTok nicht die gleiche Wirkung erzielen. Daher ist es wichtig, die Stärken jeder Plattform zu verstehen und Inhalte entsprechend zu gestalten.

Bereits in den vorherigen Kapiteln wurden die unterschiede der einzelnen Plattformen angesprochen, sowohl in der Zielgruppe als auch im Nutzerverhalten.

Facebook eignet sich besonders gut für ausführlichere Geschichten, die eine tiefere Verbindung zu den Nutzern herstellen. Hier können Unternehmen längere Texte, Bilder und Videos nutzen, um ihre Botschaften zu vermitteln. Zudem ermöglicht Facebook das Teilen von Beiträgen und das Interagieren mit einer breiteren Community, was für kleine Unternehmen von Vorteil sein kann. Bei der Anpassung von Geschichten für Facebook sollten Unternehmen darauf achten, Fragen zu stellen oder Diskussionen anzuregen, um das Engagement zu fördern. Ebenso sind die Altersstruktur und die wichtigen Themen für diese Gruppe zu beachten.

Instagram hingegen ist eine visuelle Plattform, die stark auf Bild- und Videoinhalte setzt. Hier müssen Geschichten schnell und ansprechend erzählt werden. Der Einsatz von hochwertigen Bildern oder kurzen Videos sowie kreativen Story-Formaten, die die Nutzer ansprechen, ist entscheidend. Unternehmen sollten auch die Nutzung von Hashtags und Standort-Tags in Betracht ziehen, um die Reichweite ihrer Inhalte zu maximieren und eine breitere Zielgruppe zu erreichen. Emotionale Ansprachen und authentische Einblicke in das Unternehmensleben können hier besonders gut ankommen. Wichtig ist, dass die Konzentrationsspanne der Altersgruppe auf Instagram weitaus kürzer ist als bei Facebook.

TikTok hat sich als Plattform etabliert, die schnelle, kreative und oft humorvolle Inhalte bevorzugt. Die Geschichten auf TikTok sollten kurz und prägnant sein, wobei der Fokus auf Unterhaltung und viralen Trends liegt. Unternehmen sollten mit kreativen Ideen experimentieren, um die Aufmerksamkeit der Nutzer zu gewinnen. Die Verwendung von Musik, Effekten und speziellen Trends kann dazu beitragen, die Sichtbarkeit der Inhalte zu erhöhen und eine jüngere Zielgruppe anzusprechen. Hier ist es wichtig, authentisch zu bleiben und die Persönlichkeit der Marke in den Vordergrund zu stellen. wenn das Unternehmen sich für TikTok entscheidet, dann sollte die Strategie kontinuierlich beibehalten. Inaktivität wird auf der Plattform schnell abgestraft.

LinkedIn ist als Business Netzwerk nicht weniger auf emotionale Geschichten angewiesen. Ein Text alleine wird wenig Reichweite generieren. Auch hier sind Bilder oder Videos wichtig. Da LinkedIn häufiger als andere Plattformen "aufräumt" und inaktive Accounts entfernt und die Algorithmen ändert, ist es wichtig auf diese entsprechend einzugehen.

Die Herausforderung ist die sehr klare Content Generierung basierend auf Unternehmensinhalten. Hier sind jedoch "Geschichten" aus dem Unternehmen genauso als Inhalt geeignet wie neue Studien oder neue Produkte. Allerdings sollte der Inhalt so wenig wie möglich offensichtliche Werbung beinhalten, da dies direkt in der Ausspielung an die Community abgestraft wird.

Zusammenfassend lässt sich sagen, dass die Anpassung von Geschichten für verschiedene Plattformen eine strategische Herangehensweise erfordert. Kleine Unternehmen und Marketingteams sollten sich die Zeit nehmen, die Eigenheiten jeder Plattform zu analysieren und gezielt Inhalte zu erstellen, die den jeweiligen Erwartungen der Nutzer gerecht werden. Durch die richtige Anpassung können Unternehmen nicht nur ihre Reichweite erhöhen, sondern auch tiefere Beziehungen zu ihrer Community aufbauen und letztlich den Erfolg ihrer Social Media Strategien steigern.

Beispiele erfolgreicher Storytelling-Strategien

Eine der effektivsten Methoden, um in sozialen Medien Aufmerksamkeit zu erregen, ist das Storytelling. Unternehmen, die Geschichten erzählen, können ihre Botschaften besser vermitteln und eine tiefere Verbindung zu ihrem Publikum aufbauen. Ein gelungenes Beispiel ist die Kampagne von Coca-Cola, die den Slogan "Teile eine Coke" umsetzte. Diese Initiative ermöglichte es den Verbrauchern, personalisierte Flaschen mit ihren Namen zu kaufen. Durch das Teilen von Erlebnissen in sozialen Medien wurde die Marke emotional aufgeladen und die Kunden fühlten sich direkt angesprochen.

Ein weiteres Beispiel ist die Strategie von Airbnb, die Geschichten von Gastgebern und Gästen in den Vordergrund stellt. Die Plattform nutzt Social Media, um authentische Erlebnisse und persönliche Anekdoten zu präsentieren. Diese Geschichten schaffen ein Gefühl von Gemeinschaft und Vertrauen, was besonders für neue Nutzer von Bedeutung ist. Außerdem wird die Vielfalt der Unterkünfte und Kulturen hervorgehoben, was die Marke von anderen Anbietern abhebt und das Interesse potenzieller Kunden weckt.

Gerade kleinere Unternehmen können sehr gut von Storytelling profitieren. Ein lokales Café könnte beispielsweise die Geschichte seiner Gründer erzählen und dabei die Leidenschaft für Kaffee und die Verbindung zur Gemeinde betonen. Durch regelmäßige Posts über die Herkunft der Bohnen, die Auswahl der Zutaten oder die Inspiration hinter neuen Rezepten können sie ihre Follower in die Markenwelt einbinden. So können auch "das beste Rezept" von Kunden oder aber "tell your story" Kampagnen gezielt die Community und damit die Reichweite vergrößern und das Image stärken.

Solche authentischen Geschichten fördern die Kundenbindung und ermutigen die Community, das Café aktiv zu unterstützen und zu empfehlen. Im Bereich des Community Managements ist Storytelling ebenfalls von großer Bedeutung. Marken wie Dove nutzen die Erzählweise, um Botschaften über Selbstakzeptanz und Schönheit zu kommunizieren. Durch die Präsentation von realen Geschichten von Frauen wird eine emotionale Resonanz erzeugt, die nicht nur das Engagement erhöht, sondern auch eine treue Anhängerschaft aufbaut. Indem Unternehmen ihre Werte durch Geschichten vermitteln, schaffen sie eine starke Identität, die Kunden anzieht und bindet.

Es gibt auch negativ Beispiele: wenn Influencer z.B. für Shampoo Marken Werbung machen während sie durch die Stadt laufen und ein Shampoo in die Kamera halten, ist das für die Marke negativ. Durch die Reichweite in Social Media kann eine Marke durch schlechtes Story Telling Schaden nehmen.

Abschließend lässt sich sagen, dass Storytelling eine unverzichtbare Strategie für Unternehmen jeder Größe ist, um sich in der digitalen Landschaft abzuheben. Durch das Teilen authentischer und emotionaler Geschichten können Marken nicht nur ihre Produkte und Dienstleistungen bewerben, sondern auch eine tiefere Verbindung zu ihrem Publikum aufbauen. In einer Zeit, in der Nutzer nach echten Erlebnissen suchen, ist die Fähigkeit, überzeugende Geschichten zu erzählen, ein Schlüssel zum Erfolg in sozialen Medien.

Es ist jedoch wichtig darauf zu achten, dass die Story authentisch ist und zur Marke passt.

ACHTUNG:

Social Media ist eine sehr gute Möglichkeit, das Image des eigenen Unternehmens nach außen zu tragen. Ein Imageproblem lässt sich jedoch nicht "mal eben" mit Social Media lösen, sondern braucht Kontinuität.

Kapitel 7: Rechtliche Aspekte von Social Media
Urheberrecht und Bildnutzungsrechte

Urheberrecht und Bildnutzungsrechte sind zentrale Themen, die jeder, der in den sozialen Medien aktiv ist, verstehen sollte. In der digitalen Welt, in der Inhalte schnell geteilt und verbreitet werden, ist es entscheidend, die rechtlichen Rahmenbedingungen zu kennen, um rechtliche Probleme zu vermeiden. Das Urheberrecht schützt kreative Werke wie Texte, Bilder und Videos. Jedes Mal, wenn Sie Inhalte erstellen oder nutzen, müssen Sie sicherstellen, dass Sie die Rechte an diesen Inhalten besitzen oder die Erlaubnis zur Nutzung haben.

Ein häufiges Missverständnis ist, dass das Teilen von Bildern aus dem Internet ohne Genehmigung erlaubt ist, solange man den Urheber erwähnt. Dies ist jedoch nicht der Fall. Selbst wenn ein Bild online verfügbar ist, bedeutet das nicht, dass es frei genutzt werden kann. In vielen Fällen müssen Sie eine Lizenz erwerben oder die ausdrückliche Zustimmung des Urhebers einholen. Besonders für kleine und mittelständische Unternehmen und junge Fachkräfte, die gerade erst anfangen, ihre Social-Media-Präsenz aufzubauen, ist es wichtig, sich dieser rechtlichen Grenzen bewusst zu sein.

Ein weiterer wichtiger Aspekt sind die Bildnutzungsrechte. Diese regeln, wie und wo ein Bild verwendet werden darf. Es gibt verschiedene Arten von Lizenzen, darunter exklusive und nicht-exklusive Lizenzen, die unterschiedliche Nutzungsbedingungen mit sich bringen. Wenn Sie Bilder von Stockfoto-Websites oder von Fotografen verwenden, sollten Sie sorgfältig die Lizenzbedingungen lesen, um sicherzustellen, dass Sie die Bilder in der von Ihnen geplanten Weise nutzen können. Verstoßen Sie gegen diese Bedingungen, können rechtliche Schritte mit empfindlichen Strafen drohen, die für kleine Unternehmen existenzbedrohend sein können. Es gibt Kanzleien, die sich nur auf Abmahnung solcher Fälle spezialisiert haben.

Zusätzlich ist es ratsam, eigene Bilder zu erstellen oder einen Fotografen zu engagieren, um maßgeschneiderte Inhalte zu schaffen, die Ihren Markenwerten entsprechen. Stock Bilder fallen häufig auf - und das nicht positiv. Authentizität stärkt Ihre Marke. Stock Bilder lassen ihre Marke austauschbar erscheinen.

Auf diese Weise haben Sie außerdem die volle Kontrolle über die Bildnutzungsrechte und vermeiden potenzielle Urheberrechtsverletzungen. Auch die Verwendung von Creative Commons-Lizenzen kann eine gute Option sein, da sie bestimmte Freiheiten bei der Nutzung von Bildern bieten, solange die Bedingungen beachtet werden.

Abschließend lässt sich sagen, dass das Verständnis von Urheberrecht und Bildnutzungsrechten für eine erfolgreiche Social-Media-Strategie unerlässlich ist. Kleine und mittelständische Unternehmen und Anfänger in der digitalen Welt sollten sich nicht nur auf die kreative Gestaltung ihrer Inhalte konzentrieren, sondern auch sicherstellen, dass sie rechtlich abgesichert sind. Eine fundierte Kenntnis dieser Themen kann nicht nur rechtliche Probleme vermeiden, sondern auch das Vertrauen und die Glaubwürdigkeit Ihrer Marke in den sozialen Medien stärken.

Das Risiko kann durch einen Freigabeprozess im eigenen Unternehmen umgangen werden. Dieser muss jedoch, in Anbetracht der Schnelllebigkeit von Social Media gut durchdacht und schlank gehalten sein.

Datenschutzbestimmungen

Datenschutzbestimmungen sind für kleine und mittelständische Unternehmen, die soziale Medien nutzen, von entscheidender Bedeutung. Bei der Verwendung von Plattformen wie Facebook, LinkedIn, Instagram und TikTok müssen Unternehmen sicherstellen, dass sie die Gesetze und Richtlinien einhalten, auch wenn sie über die Vorgaben der Plattform hinaus gehen. Dies ist nicht nur eine rechtliche Verpflichtung, sondern auch eine Frage des Vertrauens. Kunden erwarten, dass ihre Daten sicher behandelt werden, und ein Verstoß kann zu einem erheblichen Reputationsschaden führen.

Die Datenschutz-Grundverordnung (DSGVO) stellt in der Europäischen Union klare Richtlinien auf, wie Unternehmen mit personenbezogenen Daten umgehen müssen. Für Anfänger im Bereich Social Media ist es wichtig, die Grundlagen der DSGVO zu verstehen. Dazu gehört, dass Unternehmen transparent darüber informieren müssen, welche Daten gesammelt werden, zu welchem Zweck sie verwendet werden und wie lange sie gespeichert werden. Ein klarer und verständlicher Datenschutzerklärungstext auf der Unternehmenswebsite und den Social-Media-Profilen ist unerlässlich.

Ein weiterer wichtiger Aspekt der Datenschutzbestimmungen ist die Einwilligung der Nutzer. Vor der Erhebung personenbezogener Daten müssen Unternehmen die ausdrückliche Zustimmung der Nutzer einholen. Dies kann durch Opt-in-Formulare geschehen, die einfach zu verstehen und auszufüllend sind. Zudem sollten Unternehmen sicherstellen, dass Nutzer ihre Einwilligung jederzeit widerrufen können. Dies erhöht nicht nur die Rechtskonformität, sondern fördert auch eine positive Beziehung zu den Kunden.

Zusätzlich sollten Unternehmen regelmäßig Schulungen für ihre Mitarbeiter im Bereich Datenschutz und Datensicherheit anbieten. Da viele Mitarbeiter in sozialen Medien aktiv sind, ist es entscheidend, dass sie die Richtlinien und Verfahren verstehen, um Datenmissbrauch zu vermeiden. Ein gut informierter Mitarbeiter kann im Umgang mit sensiblen Informationen dabei helfen, potenzielle Risiken zu minimieren.

Somit ist die Berücksichtigung von Datenschutzbestimmungen eine grundlegende Voraussetzung für eine erfolgreiche Social-Media-Strategie. Unternehmen, die diese Bestimmungen ernst nehmen, können nicht nur rechtliche Probleme vermeiden, sondern auch das Vertrauen ihrer Kunden stärken. In einer digitalen Welt, in der der Schutz persönlicher Daten zunehmend in den Fokus rückt, ist es wichtig, proaktiv zu handeln und die eigenen Datenschutzpraktiken kontinuierlich zu überprüfen und zu optimieren.

Werberichtlinien und Transparenz

Werberichtlinien und Transparenz sind essenzielle Aspekte, die kleine und mittelständische Unternehmen sowie junge Fachkräfte im Umgang mit Social Media beachten müssen.

In der digitalen Welt, in der Inhalte und Informationen rasch verbreitet werden, ist es wichtig, die Werberichtlinien der verschiedenen Plattformen zu verstehen. Diese Richtlinien definieren die Grenzen und Möglichkeiten, wie Produkte und Dienstleistungen beworben werden dürfen. Jedes soziale Netzwerk, sei es Facebook, Instagram, LinkedIn oder TikTok, hat spezifische Vorgaben, die die Art und Weise, wie Werbung geschaltet wird, beeinflussen. Das Ignorieren dieser Richtlinien kann nicht nur zu einem Verbot des Kontos führen, sondern auch rechtliche Konsequenzen nach sich ziehen.

Transparenz spielt in diesem Fall eine entscheidende Rolle, insbesondere im Hinblick auf das Vertrauen der Konsumenten. Wenn Unternehmen Werbung schalten, ist es wichtig, klar zu kennzeichnen, dass es sich um bezahlte Inhalte handelt. Dies kann durch die Verwendung von Hashtags wie #ad oder #sponsored geschehen. Ein transparenter Umgang mit Werbung fördert nicht nur das Vertrauen der Zielgruppe, sondern entspricht auch den rechtlichen Vorgaben, die in vielen Ländern bestehen.

Darüber hinaus sind auch bestimmte Arten von Werbung teilweise verboten. Es ist also sinnvoll, alle Richtlinien regelmäßig auf Änderungen zu prüfen.

Besonders für Anfänger in den sozialen Medien ist es von Bedeutung, sich über diese Anforderungen zu informieren, um Missverständnisse und negative Auswirkungen auf die Markenreputation zu vermeiden.

Ein weiterer wichtiger Aspekt von Werberichtlinien ist die Einhaltung von Datenschutzbestimmungen. Die Erhebung und Verarbeitung von Nutzerdaten müssen stets transparent und rechtmäßig erfolgen. Dies betrifft insbesondere die Art und Weise, wie Zielgruppen definiert und angesprochen werden. Unternehmen sollten stets sicherstellen, dass sie die Zustimmung der Nutzer einholen, bevor sie deren Daten für Werbezwecke verwenden. Ein verantwortungsbewusster Umgang mit Daten stärkt nicht nur die Glaubwürdigkeit des Unternehmens, sondern ist auch ein entscheidender Faktor, um rechtliche Probleme zu vermeiden.

Social Media Analytics bieten eine wertvolle Möglichkeit, den Erfolg von Werbemaßnahmen zu messen und die eigene Strategie zu optimieren. Durch die Analyse von Engagement-Raten, Klickzahlen und Konversionen können Unternehmen besser verstehen, welche Inhalte bei ihrer Zielgruppe ankommen. Gleichzeitig ist es wichtig, die Datenschutzbestimmungen im Blick zu behalten, wenn Analysen durchgeführt werden. Transparenz gegenüber den Nutzern über die Datenerhebung und deren Verwendung sollte stets gewährleistet sein, um mögliche Bedenken auszuräumen.

Abschließend lässt sich sagen, dass Werberichtlinien und Transparenz zentrale Themen für jedes Unternehmen sind, das in den sozialen Medien aktiv ist.

Besonders für kleine und mittelständische Unternehmen und Neulinge im Bereich Social Media ist es unerlässlich, sich mit den geltenden Richtlinien vertraut zu machen und einen transparenten Umgang mit den Nutzern zu pflegen. Dies nicht nur, um rechtliche Probleme zu vermeiden, sondern auch, um eine vertrauensvolle Beziehung zu den Kunden aufzubauen und langfristigen Erfolg in der digitalen Landschaft zu sichern.

Kapitel 8: Social Media Analytics verstehen und nutzen

Einführung in Social Media Analytics

Social Media Analytics sind ein entscheidender Bestandteil jeder erfolgreichen Social Media Strategie. Darum ist es unerlässlich, die Leistung Ihrer Inhalte und Kampagnen zu überwachen, um fundierte Entscheidungen treffen zu können. Diese Analyse ermöglicht es Ihnen, Einblicke in das **Verhalten Ihrer Zielgruppe** zu gewinnen, Trends zu erkennen und die Effektivität Ihrer Marketingstrategien zu messen. Für Anfänger im Bereich Social Media Marketing kann das Verständnis von Analytics zunächst überwältigend erscheinen, aber mit den richtigen Werkzeugen und Ansätzen wird es schnell klarer.

Ein zentraler Aspekt von Social Media Analytics ist die Datensammlung. Plattformen wie Facebook, Instagram, LinkedIn und TikTok bieten integrierte Analysetools, die es Ihnen ermöglichen, verschiedene Metriken wie **Reichweite, Engagement** und **Conversion-Raten** zu verfolgen. Diese Metriken sind entscheidend, um herauszufinden, welche Inhalte bei Ihrem Publikum gut ankommen und welche Strategien möglicherweise überarbeitet werden müssen. Für Unternehmen, die gerade erst anfangen, ist es wichtig, sich auf die wichtigsten Kennzahlen zu konzentrieren, um nicht von der Fülle an Daten überwältigt zu werden.

Darüber hinaus spielt die **Zielgruppenanalyse** eine wichtige Rolle. Die meisten Social Media Plattformen bieten detaillierte demografische Informationen über Ihre Follower, einschließlich Alter, Geschlecht und geografischem Standort, aber auch über Interaktionen mit bestimmten Themen oder Hashtags. Diese Informationen helfen Ihnen, Ihre Inhalte besser auf die Interessen und Bedürfnisse Ihrer Zielgruppe abzustimmen. Wenn Sie verstehen, wer Ihr Publikum ist, können Sie gezielte Kampagnen entwickeln, die die Wahrscheinlichkeit erhöhen, dass Ihre Botschaft ankommt und Engagement fördert.

Dies zahlt dann auch auf ihre Zielgruppenanalyse für neue Kampagnen ein, wie bereits in vorherigen Kapiteln beschrieben. Wenn Sie Tools wie Hootsuite oder agorapulse nutzen, werden die Analysedaten direkt aufbereitet und als Report zur Verfügung gestellt.

Ein weiterer wesentlicher Punkt ist die **Wettbewerbsanalyse**. Indem Sie die Social Media Aktivitäten Ihrer Mitbewerber beobachten, können Sie wertvolle Erkenntnisse gewinnen. Welche Arten von Inhalten veröffentlichen sie? Wie oft interagieren ihre Follower mit ihren Beiträgen? Diese Informationen können Ihnen helfen, Benchmarks festzulegen und Ihre eigene Strategie zu optimieren. Für Neulinge im Bereich Social Media ist diese Art der Analyse besonders hilfreich, um Best Practices zu identifizieren und zu lernen, was in Ihrer Branche funktioniert.

Abschließend lässt sich sagen, dass Social Media Analytics ein unverzichtbares Werkzeug für kleine Unternehmen ist, um ihre Online-Präsenz zu optimieren.

Durch das Verständnis und die Nutzung von Analysedaten können Unternehmen nicht nur ihre Inhalte effektiver gestalten, sondern auch ihre Marketingstrategien anpassen, um bessere Ergebnisse zu erzielen. Darüber hinaus bieten sie einen guten Einblick in Strategien und Verhalten der Mitbewerber und ihrer Kunden sowie deren "Beliebtheitsgrad" auf den verschiedenen Social Media Kanälen.

Mit der richtigen Herangehensweise an Social Media Analytics können auch Anfänger wertvolle Einblicke gewinnen und somit den Grundstein für nachhaltigen Erfolg im digitalen Raum legen.

TIP:

Mehr Informationen dazu finden Sie nochmals im Anhang

Dort werden Metriken und Zusammenhänge nochmal in Kurzform erklärt

Wichtige Kennzahlen und Metriken

Im Bereich Social Media sind Kennzahlen und Metriken entscheidend für den Erfolg Ihrer Marketingstrategien. Besonders für kleine und mittelständische Unternehmen, die möglicherweise über begrenzte Ressourcen verfügen, ist es unerlässlich, die richtigen Daten zu erfassen und zu analysieren.

Diese Kennzahlen helfen Ihnen, den Erfolg Ihrer Kampagnen zu bewerten, Ihre Zielgruppe besser zu verstehen und Ihre Inhalte entsprechend anzupassen. Zu den wichtigsten Metriken gehören Reichweite, Engagement-Rate, Klickrate sowie Conversion-Rate, die Ihnen wertvolle Einblicke in die Performance Ihrer Social Media Aktivitäten bieten.

Die **Reichweite (Impressions)** ist eine grundlegende Kennzahl, die angibt, wie viele Personen Ihre Inhalte gesehen haben. Eine hohe Reichweite ist oft ein Indikator dafür, dass Ihr Content ansprechend und relevant ist. Für kleine Unternehmen kann eine steigende Reichweite zu einer größeren Markenbekanntheit führen. Es ist wichtig, die Reichweite regelmäßig zu überwachen, um Trends zu erkennen und zu verstehen, welche Inhalte am besten ankommen. So können Sie Ihre Content-Strategie gezielt weiterentwickeln. Wichtig ist jedoch, dass Entscheidungen nicht anhand einmaliger Vorkommnisse getroffen werden, wenn z.B. ein Beitrag einmal viral gegangen ist.

Die **Engagement-Rate** misst, wie aktiv Ihre Zielgruppe mit Ihren Inhalten interagiert. Dazu zählen Likes, Kommentare, Shares und Klicks. Diese Metrik ist besonders wichtig, da sie zeigt, inwieweit Ihre Community in die Gespräche und Interaktionen eingebunden ist. Eine hohe Engagement-Rate deutet darauf hin, dass Ihre Inhalte nicht nur gesehen, sondern auch geschätzt werden. Kleine Unternehmen sollten sich darauf konzentrieren, Inhalte zu erstellen, die zum Dialog anregen und eine emotionale Verbindung zu ihrer Zielgruppe herstellen.

Welche Engagement Raten generell gut oder weniger gut sind für die verschiedenen Plattformen finden Sie im Anhang.

Die Klickrate (CTR) ist eine weitere zentrale Kennzahl, die angibt, wie viele Nutzer auf einen bestimmten Link in Ihrem Beitrag geklickt haben. Sie ist besonders relevant für Kampagnen, die auf Traffic-Generierung abzielen, beispielsweise zur Steigerung der Besucherzahlen auf Ihrer Website oder zur Förderung von Produkten. Eine niedrige Klickrate kann darauf hinweisen, dass Ihre Call-to-Actions nicht überzeugend genug sind oder dass der Content nicht die richtigen Anreize bietet. Hier ist es wichtig, A/B-Tests durchzuführen, um herauszufinden, welche Ansätze am besten funktionieren. Wichtig ist auch, dass manche Plattformen den Verweis auf externe Links in der Reichweite abstrafen. Hier sind also entsprechende Strategien und kreative Ideen gefragt, um das Problem zu umgehen.

Schließlich spielt die **Conversion-Rate** eine entscheidende Rolle bei der Bewertung des Erfolgs Ihrer Social Media Maßnahmen. Sie gibt an, wie viele der Nutzer, die mit Ihren Inhalten interagiert haben, letztendlich eine gewünschte Aktion ausgeführt haben, sei es ein Kauf, eine Anmeldung oder das Herunterladen eines Dokuments. Für kleine Unternehmen ist es von großer Bedeutung, diese Rate zu optimieren, da sie direkt mit dem Umsatz und dem Wachstum verbunden ist.

Durch die Analyse dieser Metriken können Unternehmen gezielte Anpassungen vornehmen und ihre Social Media Strategie kontinuierlich verbessern.

Welche der Metriken für das Unternehmen am relevantesten sind sollte sich aus der Social Media Strategie ergeben, da diese Werte über entsprechende KPI auch die Zielerreichung mitbestimmen.

Vergleich der Kennzahlen nach Plattform

Im digitalen Zeitalter ist es für kleine Unternehmen unerlässlich, die verschiedenen Social-Media-Plattformen zu verstehen und ihre Kennzahlen zu vergleichen. Facebook, Instagram, LinkedIn und TikTok bieten unterschiedliche Funktionen und Zielgruppen, was sich direkt auf die Performance und die Strategie der jeweiligen Inhalte auswirkt. Ein tiefgehender Vergleich dieser Plattformen kann Unternehmen helfen, die richtige Wahl für ihre Zielgruppe zu treffen und ihre Marketingressourcen effizienter einzusetzen.

Facebook ist nach wie vor eine der am weitesten verbreiteten Plattformen, besonders für Unternehmen, die eine breitere Altersgruppe ansprechen möchten. Die Kennzahlen wie **Reichweite, Engagement-Rate** und **Conversion-Rate** sind entscheidend, um den Erfolg von Kampagnen zu messen. Insbesondere die Möglichkeit, gezielte Werbung zu schalten und detaillierte Analysen durchzuführen, macht Facebook zu einem wertvollen Werkzeug für Marketingteams. Oftmals werden Posts hier auch durch bezahlte Werbung unterstützt, um eine höhere Sichtbarkeit zu erreichen. Facebook selbst hat mit dem Business Manager ein Tool, das erst einmal sehr komplex erscheint, es bietet jedoch enorm viele Vorteile, auch weil es für Instagram ebenso benutzbar ist. Ausserdem sind die Auswertungen so gut, dass sie gezielt auf die Folgekampagnen anwendbar sind.

Im Gegensatz dazu hat **Instagram** in den letzten Jahren an Popularität gewonnen, insbesondere bei jüngeren Zielgruppen. Die visuelle Natur der Plattform erfordert eine andere Herangehensweise an die Content-Erstellung. Kennzahlen wie **Impressionen, Likes** und **Kommentare** sind entscheidend, um die Interaktion mit dem Publikum zu bewerten. Stories und Reels bieten zudem innovative Möglichkeiten, um die Community aktiv einzubinden und die Markenbekanntheit zu steigern. Die Einbindung von Influencern kann ebenfalls eine Strategie sein, um die Reichweite zu erhöhen und authentische Verbindungen zur Zielgruppe aufzubauen.

Oft werden von aussen Posts nach Anzahl der Likes oder das Unternehmen nach der Anzahl der Follower bewertet. Das verleitet dazu, Services in Anspruch zu nehmen, die Likes gegen Geld generieren. Das wird jedoch vom Algorithmus abgestraft und ist nicht zu empfehlen.

TikTok stellt eine relativ neue, aber äußerst dynamische Plattform dar, die vor allem bei der Generation Z und Millennials beliebt ist. Die Kennzahlen auf TikTok unterscheiden sich grundlegend von denen anderer Plattformen, da hier der Fokus auf der Kreativität und der viralen Verbreitung von Inhalten liegt. **Views, Shares** und die **durchschnittliche Wiedergabedauer** sind zentrale Kennzahlen, um den Erfolg von Videos zu messen. Unternehmen, die TikTok nutzen, sollten sich auf die Erstellung ansprechender, unterhaltsamer Inhalte konzentrieren, die zum Mitmachen anregen und eine Community aufbauen.

Linkedin als Plattform unterscheidet sich vor allem durch den gänzlich anderen Ton und teilweise auch Inhalt im vergleich zu den anderen Plattformen. Die Kennzahlen, die hier vor allem zu Beginn gemessen werden sollten sind **Impressionen** und **Engagement Rate**. Gerade zu Beginn kann es frustrierend sein, wenn das Engagement niedrig ist, jedoch kann die Impressionsrate dennoch sehr hoch sein, und gerade zu Beginn sollte das zur Verbesserung der Sichtbarkeit das Ziel sein.

Zusammenfassend lässt sich sagen, dass der Vergleich der Kennzahlen nach Plattform entscheidend ist, um die richtige Social-Media-Strategie zu entwickeln. Jedes Unternehmen sollte die spezifischen Stärken und Schwächen der Plattformen analysieren und darauf basierend maßgeschneiderte Inhalte erstellen. Die Nutzung von Social Media Analytics ermöglicht es, datenbasierte Entscheidungen zu treffen und die Marketingstrategie kontinuierlich zu optimieren. Inhalte, die auf der einen Plattform extrem erfolgreich sind, können auf der anderen floppen, nicht nur durch die unterschiedlichen Zielgruppen sondern auch durch die gänzlich andere Zielsetzung.

Durch ein fundiertes Verständnis der Plattformen können kleine und mittelständische Unternehmen ihre Sichtbarkeit erhöhen und langfristigen Erfolg im digitalen Raum sichern.

Analyse und Anpassung der Strategie basierend auf Daten

Die Analyse und Anpassung der Strategie basierend auf Daten ist ein entscheidender Schritt für Unternehmen, die ihre Social-Media-Präsenz optimieren möchten. In der heutigen digitalen Welt ist es unerlässlich, datengetrieben zu arbeiten, um fundierte Entscheidungen zu treffen. Hierbei spielen verschiedene Metriken und KPIs eine wichtige Rolle. Die Analyse von Engagement-Raten, Reichweite, Klickzahlen und Konversionsraten liefert wertvolle Einblicke in das Verhalten der Zielgruppe und die Wirksamkeit der veröffentlichten Inhalte.

Um eine erfolgreiche Strategie zu entwickeln, sollten Unternehmen zunächst ihre Ziele klar definieren: Möchten sie die Markenbekanntheit steigern, Leads generieren oder die Kundenbindung verbessern? Anhand dieser Ziele können spezifische Kennzahlen festgelegt werden, die regelmäßig überwacht werden sollten. Zum Beispiel kann die Anzahl der Follower auf sozialen Plattformen als Indikator für das Wachstum der Markenbekanntheit dienen, während die Interaktionsrate Aufschluss über die Relevanz der Inhalte gibt.

Die Datensammlung sollte kontinuierlich und möglichst auch vergleichend zu einem vorherigen Zeitraum stattfinden, damit sie aussagekräftig genug für eine entsprechende Interpretation sind.

Sobald die Daten gesammelt sind, ist es wichtig, sie zu interpretieren. Hierbei können Tools wie LinkedIn Analytics, Google Analytics, Facebook Insights oder Instagram Analytics helfen. Diese Tools bieten umfassende Informationen über das Nutzerverhalten und die Performance der Posts. Die gewonnenen Erkenntnisse sollten genutzt werden, um die Inhalte und Beiträge anzupassen. Wenn bestimmte Themen oder Formate besser ankommen, könnte es sinnvoll sein, diese verstärkt in der Content-Planung zu berücksichtigen.

Gerade für Anfänger ist Google Analytics wahrscheinlich ein Buch mit sieben Siegeln. Darum raten wir häufig zu Tools wie bereits in anderen Kapiteln beschrieben, um die Möglichkeit zu haben, bereits das Projekt zu starten und Daten zu generieren (und auch zu Bewerten), während man sich mit den komplexeren Analyse Tools noch auseinander setzen kann.

Ein weiterer wichtiger Aspekt ist die kontinuierliche Anpassung der Strategie. Social Media ist dynamisch, und Trends ändern sich schnell. Regelmäßige Analysen ermöglichen es Unternehmen, flexibel zu bleiben und ihre Ansätze zu optimieren. Dies kann bedeuten, dass bestimmte Plattformen priorisiert oder neue Formate ausprobiert werden, um die Zielgruppe bestmöglich zu erreichen. Das Testen und Anpassen von Inhalten sollte als fortlaufender Prozess betrachtet werden.

Abschließend lässt sich sagen, dass die Analyse und Anpassung der Strategie basierend auf Daten eine wesentliche Grundlage für den Erfolg im Social Media Marketing ist. Kleine Unternehmen und Neulinge sollten sich nicht scheuen, in diese Prozesse zu investieren, da die gewonnenen Erkenntnisse entscheidend sind, um die Sichtbarkeit und Effektivität ihrer Social-Media-Aktivitäten zu steigern. Ein datengestützter Ansatz fördert nicht nur eine bessere Interaktion mit der Zielgruppe, sondern schafft auch eine nachhaltige und langfristige Markenbindung.

Tip:

Wenn Sie wenig Zeit haben, sich direkt von Anfang an in die tiefe der Analytics einzuarbeiten, sollten Sie sich Plattformen zur Hilfe nehmen. Hier gibt es eine große Auswahl. Wir haben auf die beiden Plattformen Hootsuite und agorapulse hingewiesen, da viele unserer Kunden diese nutzen. Natürlich gibt es für jeden Geschmack noch andere Plattformen.

Kapitel 9: Anhang

Engagement Raten

Die Engagement-Raten variieren je nach Plattform und Art des Inhalts. Um die eigenen Aalysen bewerten zu können finden Sie untenstehend einige allgemeine Richtwerte für gute und schlechte Engagement-Raten auf LinkedIn, Facebook, TikTok und Instagram:

LinkedIn

Gute Engagement-Rate: 2-5% *

Schlechte Engagement-Rate: Unter 1% *

LinkedIn Beiträge erhalten, dadurch dass es eine eine berufliche Plattform ist, eher weniger Interaktionen auf Beiträge als Beiträge auf anderen Plattformen. Die "stillen Mitleser" spiegeln sich in der Impressionsrate wieder. Eine Rate von 2-5% zeigt, dass die Inhalte gut bei der Zielgruppe ankommen und relevante Diskussionen anregen

Facebook

Gute Engagement-Rate: 1-2%

Schlechte Engagement-Rate: Unter 0,5%

Facebook hat eine große Nutzerbasis, aber die organische Reichweite ist oft begrenzt. Eine Rate von 1-2% ist ein Zeichen dafür, dass die Inhalte ansprechend sind und die Nutzer zur Interaktion motivieren

TikTok

Gute Engagement-Rate: 5-10%

Schlechte Engagement-Rate: Unter 3%

TikTok ist bekannt für seine hohe Interaktionsrate, da die Plattform stark auf visuelle und unterhaltsame Inhalte setzt. Eine hohe Engagement-Rate zeigt, dass die Videos gut bei den Nutzern ankommen und häufig geteilt werden

Instagram

Gute Engagement-Rate: 2-3%

Schlechte Engagement-Rate: Unter 1%

Instagram ist eine visuell orientierte Plattform, auf der Bilder und Videos im Vordergrund stehen. Eine Rate von 2-3% zeigt, dass die Inhalte die Nutzer ansprechen und zur Interaktion anregen

Tips & Tricks – In a Nutshell

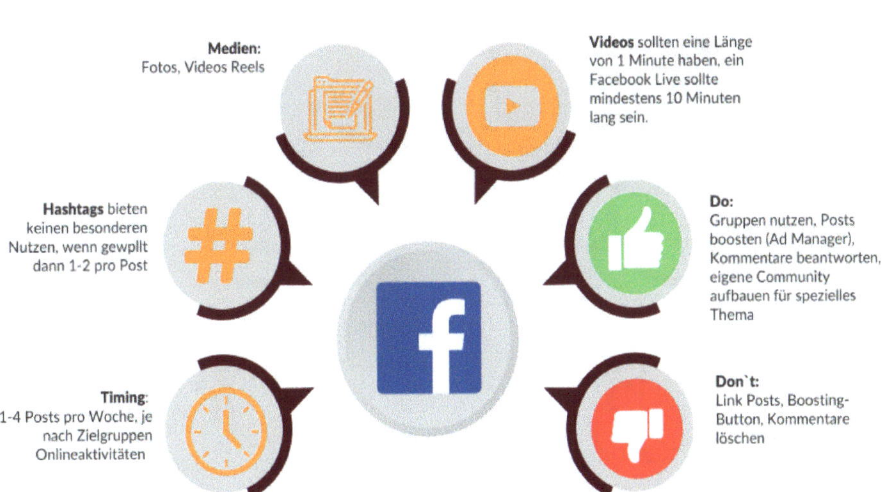

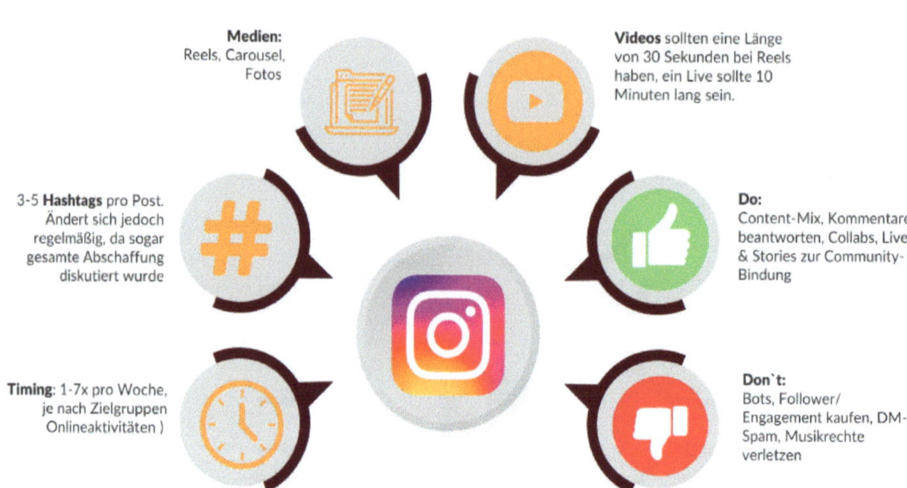

Medien:
Reels, Carousel, Fotos
Videos sollten eine Länge von 30 Sekunden bei Reels haben, ein Live sollte 10 Minuten lang sein.
3-5 Hashtags pro Post. Ändert sich jedoch regelmäßig, da sogar gesamte Abschaffung diskutiert wurde
Do:
Content-Mix, Kommentare beantworten, Collabs, Live & Stories zur Community-Bindung
Timing: 1-7x pro Woche, je nach Zielgruppen Onlineaktivitäten)
Don`t:
Bots, Follower/ Engagement kaufen, DM-Spam, Musikrechte verletzen

Medien:
Bild, Text, PDF / Karusell, Video, Umfragen
Videos sollten eine Länge von 1-2 Minuten haben, ein LinkedIn Live sollte mindestens 10 Minuten lang sein.
3-5 Hashtags pro Post. Ändert sich jedoch regelmäßig, da sogar gesamte Abschaffung diskutiert wurde
Do:
Selbst aktiv sein & interagieren, Kommentare beantworten, Profile markieren, Creator Modus
Timing: 1-3 Posts pro Woche, über den Tag verteilt (Analyse der Daten wird die beste Postingzeit ermitteln)
Don`t:
Link-Posts, zu häufig posten, selbst als erster kommen-tieren, Kaltaquise per DM

Julia Katrin Rohde ist Seriengründerin verschiedener Unternehmen im Bereich Nachhaltigkeit, Medizin oder Beratung.

Zuvor war sie in internationalen strategischen und kaufmännischen Funktionen in Start-ups und Konzernen tätig. Sie war viele Jahre im Bereich M&A tätig und ist Mitbegründerin von advisoryteam, wo sie in Transformationsprojekten die Rolle einer strategischen Beraterin für Führungskräfte und Vorstände innehält. Sie ist Wirtschaftswissenschaftlerin (BA), Psychologin (BSc) und Biomedical Engineering (Dipl. Ing.).

advisoryteam® löst als Partner industrieller Mittelstandskunden mit ihnen gemeinsam ihre Entwicklungs- und Transformationsaufgaben.
 Unsere Kunden erreichen mit uns wirkungsvolle Strategien, Organisationen und Prozesse in Zentralfunktionen wie IT, Marketing, Vertrieb, HR oder Finanzen. Digitalisierung und ESG stehen dabei besonders im Fokus.

Weitere Bücher der Reihe:

Potenzial entfalten durch prompten

Prompten wird oft gleichgesetzt mit „Googlen nur anders". dabei können gute Prompts nicht nur die Effizienz steigern sondern auch dem Fachkräftemangel in einigen Bereichen die Stirn bieten! Fehlendes Wissen, Angst vor hohen Kosten aber auch Skepsis und Unsicherheit bei der Implementierung sind jedoch oft Gründe, nicht mit Bots zu arbeiten. Trotz dieser Herausforderungen gibt es viele Erfolgsgeschichten, die zeigen, wie mittelständische Unternehmen von der richtigen Nutzung der sogenannten Bots profitieren können.

Generation Z- Mehr als Work-Life-Balance?

Keine Generation polarisiert mehr als die Generation Z. Und bekanntlich ist ja auch an jedem Gerücht ein bisschen Wahrheit. Oder doch nicht? Wie tickt diese Generation? und was bedeutet das für die Arbeitswelt, wenn mehr und mehr junge Menschen in das Arbeitsleben starten? Wird es die Arbeitsmodelle von heute mittelfristig nicht mehr geben? oder ist es doch alles gar nicht so wie man es häufig hört?

KI - Ungenutztes Potenzial

Künstliche Intelligenz (KI) bietet enormes Potenzial für den Mittelstand, wird jedoch oft nicht vollständig ausgeschöpft. Fehlendes Wissen, Angst vor hohen Kosten und Fachkräftemangel aber auch Skepsis und Unsicherheit bei der Implementierung sind nur einige Gründe dafür. Trotz dieser Herausforderungen gibt es viele Erfolgsgeschichten, die zeigen, wie mittelständische Unternehmen von KI profitieren können. Mit der richtigen Strategie und Unterstützung können auch kleinere Unternehmen die Vorteile von KI nutzen, um ihre Effizienz zu steigern und wettbewerbsfähig zu bleiben.

Inhalte teilweise mit Hilfe von KI generiert